AF190634

ISBN 9783759751942

Stephan Dettmeyer

Fluch der Evolution

- philosophische Provokationen in 119 Thesen

Autor

...studierte Geophysik, Literatur und Philosophie / freiberuflich seit 1984 als Kolumnist, Fotograf, Kabarettist und Schriftsteller

Inhaltsverzeichnis:

VII - ZUKUNFT oder SOZIALISMUS

Darüber, was es objektiv unmöglich macht, dass es jemals einen richtigen Sozialismus geben kann. Und was vom falschen Sozialismus zu lernen ist.

VIII - RELIGION oder SUIZID

Darüber, was Gott wirklich ist, obwohl es ihn nicht gibt, und weshalb er trotzdem notwendig ist.

- NACHSÄTZE

- DIE 119 THESEN

VORSÄTZE

In den nachfolgenden Texten wird das Wort 'Mensch' entgegen der üblichen Art und Weise nicht als Maskulinum, sondern bewusst und programmatisch als Neutrum verwendet.

Nicht 'der Mensch / die Menschen', sondern 'das Mensch / die Mensche'.

Das ist einerseits der Tatsache geschuldet, dass maskuline und feminine Mensche existieren und stellt anderseits im Deutschen eine gewisse Gleichheit - oder Analogie - zum Begriff 'das Tier / die Tiere' her.

Gleichzeitig geht es aber um einen ersten Paradigmenwechsel.

Das wesentliche Paradigma allen Denkens und aller Philosophie (einschließlich religiöser Ideologien) bestand bisher eben darin, dass das Mensch als etwas Höheres betrachtet wurde; als etwas, was zwar dem Tierreich entstammt, sich aber den Gesetzen dieses Reiches (zum Beispiel als Geschöpfe eines Gottes) weitestgehend entzogen hat. Dieses Paradigma wird auch von den oft sarkastischen Bezeichnungen für das Mensch, als eine zum Lügen begabte Tierart (oder ähnlich), nicht aufgehoben. Man beschimpft das Mensch gern, ein Tier zu sein. Ja, man unterstellt dem Mensch, schlimmer als Tiere zu sein, was Mordlust und Habgier betreffen, aber der Knackpunkt ist eben der, dass das Mensch ein Tier ist - und... - und wenn es sich noch so abplagen würde! - auch nichts Anderes sein kann.

Nie!

Das Mensch ist ein Tier und ein Produkt der Evolution. Es ist in den Gesetzen der Evolution gefangen. Auch, wenn es sich mittlerweile sozialisiert hat und in Gruppen organisiert lebt und handelt.

1. These:
Die Evolution ist mit der Menschwerdung nicht beendet.

Die Evolution setzt sich auch innerhalb der menschlichen Gesellschaft durch und fort!

Hauptsätze

I - PHILOSOPHIE oder DENK-AKROBATIK

Künstliche Intelligenz - 2024 - "ChatGPT" sagt:

Die philosophische Definition von 'Philosophie' ist vielfältig und hängt stark von der jeweiligen philosophischen Tradition und Perspektive ab. Hier sind einige zentrale Ansätze zur Definition von Philosophie:

1. ***Etymologische Definition****: Das Wort 'Philosophie' stammt aus dem Griechischen und bedeutet 'Liebe zur Weisheit' (philo = Liebe, sophia = Weisheit). Diese Definition betont die Philosophie als Streben nach Wissen und Verständnis.*

2. ***Disziplinäre Definition****: Philosophie wird oft als die systematische Untersuchung grundlegender Fragen definiert, die sich auf verschiedene Aspekte des Lebens und der Existenz beziehen. Diese Fragen können metaphysischer (Was ist das Sein?), epistemologischer (Was können wir wissen?), ethischer (Was sollen wir tun?), ästhetischer (Was ist das Schöne?) und logischer (Was ist richtiges Denken?) Natur sein.*

3. ***Methodologische Definition****: Philosophie wird als eine Disziplin betrachtet, die sich durch spezifische Methoden auszeichnet, wie kritische Analyse, logische Argumentation und reflektiertes Nachdenken. Immanuel Kant beschrieb Philosophie als „eine Wissenschaft von den letzten Gründen des menschlichen Wissens und Handelns".*

4. ***Historische Definition****: Philosophie kann auch durch ihre historische Entwicklung und die Werke bedeutender Philosophen definiert werden. Von*

9

den vorsokratischen Denkern über Platon und Aristoteles bis hin zu den modernen und postmodernen Philosophen hat sich die Philosophie ständig weiterentwickelt und unterschiedliche Fragen und Methoden betont.

5. ***Praktische Definition**: Manche Philosophen sehen die Philosophie als praktische Disziplin, die sich auf die Kunst des Lebens konzentriert. In dieser Sichtweise geht es darum, wie man ein gutes und sinnvolles Leben führen kann. Diese Tradition findet sich beispielsweise in der Stoa und im Existentialismus.*

6. ***Systematische Definition**: In einem systematischen Sinne wird Philosophie oft als Versuch gesehen, eine kohärente Gesamtsicht der Welt zu entwickeln, die verschiedene Erkenntnisse und Erfahrungen integriert. Dies kann eine Synthese von Wissenschaft, Ethik, Kunst und anderen Bereichen menschlichen Wissens umfassen.*

Zusammengefasst kann Philosophie als ein vielschichtiger und multidisziplinärer Versuch verstanden werden, die grundlegenden Fragen des Lebens, des Wissens und der Existenz zu untersuchen und zu beantworten. Diese Untersuchung ist gekennzeichnet durch methodische Reflexion, logische Analyse und das Streben nach kohärenter und umfassender Erkenntnis.

'Die Philosophen haben die Welt bisher immer nur interpretiert, aber es kommt darauf an, sie zu verändern.'
In diesem Satz von KARL MARX kommt der Optimismus, das MATERIELLE durch IDEELLES beeinflussen zu können, zum Ausdruck.

Ein doppelter Irrtum!

2. These:
Die Interpretationen der Philosophen haben die Weltenläufe durchaus beeinflusst und haben zu Veränderungen beigetragen.

Die Welt aber nach einer Idee formen zu wollen, sie so zu verändern, dass sie in planbarer Zeit und auf planbaren Wegen zu einem vorbestimmten Ziel gelangt – das ist nicht möglich!

Wer verändern will, benötigt einen Plan, eine Idee, eine Vision. Auch wenn Pläne und Visionen nicht in vollem Umfang in die Realität umgesetzt werden können, so beeinflussen sie doch dieselbe. Die Visionen von einer kommunistischen Gesellschaft haben enorme Veränderungen und Bewegungen in der Welt hervorgerufen. Und das, obwohl die Ideen nicht im Mindesten die gewünschten Ergebnisse zeitigten.
Doch die Auswirkungen dieser Ideen sind nachweisbar, noch längst nicht addiert und die Nachwirkungen noch längst nicht abgeebbt.

3. These:
Die sozialen Errungenschaften in den heutigen 'westlichen' Staaten sind auch eine Erfolgsstory der sozialen Utopien von einer besseren Welt.

Die Unterteilung der Philosophien in materialistische und idealistische, ist von den Philosophen und Philosophien des Westens mehrheitlich niemals akzeptiert worden. Bis heute nicht. Man hatte und hat wohl auch gar kein Interesse daran, diesen Unterschied deutlich werden zu lassen.

Die idealistischen Philosophien waren nämlich seltsamer Weise immer die Philosophien der Herrscher und Machthaber.

Und wer trägt schon gern das Kainsmal seines Sponsors auf der Stirn?

Nebenbei - die Ideologien der Regime, die sich 'sozialistisch' oder gar 'kommunistisch' nannten, waren letztlich im Ergebnis des herrschenden Personenkults auch 'idealistisch'!

Man hatte zwar eine offizielle, materialistische Staatsphilosophie, die sich auf MARX-ENGELS-LENIN berief, aber in der gesellschaftlichen Praxis herrschte eine andere Philosophie, nämlich die der Allmacht und Unfehlbarkeit einer Partei und deren Stellvertreter auf Erden.

Man nahm zwar nicht die Ersterschaffung der Welt für sich in Anspruch, aber die Neuerschaffung.
Oder besser gesagt - die richtige, die wahre Erschaffung!

Aber bleiben wir sachlich.

Dieses einfache Unterscheidungsmöglichkeit von Philosophien - materialistisch oder idealistisch? -, sprich - mit oder ohne Schöpfer? -, wird weitestgehend ignoriert.

Man unterscheidet die Philosophien landläufig nach den Epochen, nach speziellen Eigenheiten und Auswüchsen, nicht aber daran, wie sie die Grundfrage beantwortet haben.

Man stellt diese Grundfrage eben gar nicht erst. Warum wohl?

Es ist als würde man die Tiere nach der Farbe ihres Felles oder nach der Länge ihrer Beine unterscheiden, nicht aber an dem wesentlich wichtigeren Kriterium, ob sie Säugetiere sind oder Eier legen.

Warum unterscheidet man Philosophien nach Fellfarbe und Beinlänge und nicht nach der Art und Weise der Vermehrung?
Weil dann nämlich einiges an Philosophie in hohem Maße einfach überflüssig werden würde.

4. These:
Eine Philosophie, deren letzte Weisheit in einem Schöpfer mündet, welcher erwiesenermaßen nicht existiert, kann keinen endgültigen Beitrag für eine Welterklärung liefern.
Höchstens Seelenfrieden!

Ich will auch zugeben, dass es in den 'idealistischen' Philosophien viele interessante philosophische Kunststückchen gibt, die sich auch ganz vortrefflich lesen lassen und an denen man den eigenen Geist wetzen kann, die aber letztlich keinen Schritt dahin voranbringen, wohin Philosophie eigentlich zu gehen hat.

Ja, wohin hat sie denn zu gehen?

Philosophie hat auf jenen Berg hinauf zu gehen, von wo aus sie den Menschen eine Antwort zuwerfen kann.
Antwort auf die Frage:
Wie kann ich leben und dabei glücklich sein?

Andere Philosophen haben diese Frage etwas anders formuliert.
Wichtig ist, dass Philosophie in Kenntnis und Zusammenschau aller Erkenntnisse aller Wissenschaften eine grundlegende Orientierung zur Meisterung des Lebens für den Einzelnen geben sollte. Sonst ist das Ganze keine Philosophie, sondern nur hochtrabendes, womöglich - was nicht selten ist ! - mystisches Geschwätz.

Der Nachteil der Philosophie gegenüber den Religionen war bisher - vielleicht abgesehen von den Philosophien der Antike - der fehlende, oder nur geringe Bezug zum alltäglichen Leben.

Religionen hingegen sind absolut praxisorientiert - geben Anleitung zum Handeln. Die zehn Gebote beispielsweise u.a. Vorschriften, Vorbilder, Regeln...

Die Philosophie ist oft nur ein Spielfeld für intellektuelle Spinnereien geworden. Es gibt fast keine Rückkoppelung in den Alltag der Gesellschaft. Man nimmt den Philosophen kaum wahr. Man lässt ihn spinnen.

Ein zufälliges Zitat:

'Die Existenz der Wissenschaft telle quelle, wie sie im gesellschaftlichen Geflecht und mit all seinen Unzulänglichkeiten und Irrationalitäten vorkommt, wird zum Kriterium der eigenen Wahrheit. In solchem Respekt vorm Verdinglichten ist der Positivismus verdinglichtes Bewusstsein. Bei aller Feindschaft gegen die Mythologie verrät er den antimythologischen Impuls der Philosophie, das bloß von Menschen Gemachte zu durchschlagen und auf sein menschliches Maß zurückzuführen.'

Zur Entschlüsselung allein dieser kurzen, noch relativ übersichtlichen, weil wenig verschachtelten Passage benötigt man selbst als philosophisch leicht vorbelasteter Mensch sicherlich ein gutes Stündchen. Aber wer hat schon soviel Zeit übrig für solchen höheren Blödsinn?

Vielleicht, dass **ADORNO** sich in dieser oben kurz zitierten Sprach und Schreibweise wirklich wohl fühlte, und zu wissen glaubte, was er da meinte, aber glaubte er auch, dass ihn andere begreifen können - und wollen?

Ich vermute, er wollte gar nicht begriffen werden. Unbegreifbarkeit - das erhöht und zementiert den Ruf eines Philosophen!

Siehe analog moderne Künstler!

Die modernen Künstler haben es auch längst aufgegeben, sich selbst verstehen zu wollen.

Sie überlassen das diskret einer Kritikermeute, die nicht kritisiert, sondern irgendetwas in die so genannten Kunstwerke, die eigentlich nur Machwerke sind, hineingeheimnisst.
Bei **NEO RAUCH** zum Beispiel klappt das ganz wunderbar.

Jedenfalls ist das größte Stück der philosophischen Arbeit bezahlter Philosophen, die täglich mindestens drei Seiten Papier beschreiben müssen, um ihr Gehalt zu rechtfertigen, Haarspalterei!
Sie drehen und winden die Begriffe und die ...ismen immer hin und her - unterstellen ihnen und denen, die sie benutzen, bestimmte Absichten und Denkmuster, und haben dann genügend Stoff, um alles auseinandernehmen und widerlegen zu können.

Übrigens:
Vom Kern der Philosophien der großen Denker der Geschichte sind uns eigentlich immer nur jeweils zwei drei Erkenntnisse geblieben. Zum Beispiel (nicht wortwörtlich, sondern sinngemäß):

'Ich weiß, dass ich nichts weiß. Darauf lässt sich bauen!'
oder
'Ich denke, also bin ich!'

oder
'Alles fließt.'
oder
'Die Erde dreht sich um die Sonne.'
oder
'Gott ist tot.'
oder
'Die Philosophen haben die Welt nur interpretiert, aber es gilt, sie zu verändern.'

Dagegen noch ein **ADORNO**:
'Verdinglichtes Bewusstsein ist vollkommen naiv, und, als Verdinglichung, auch vollkommen unnaiv. Philosophie hatte den Schein des Selbstverständlichen wie den des Unverständlichen aufzulösen.'

Ist ja völlig logisch!
Die Mensche sind aber mehrheitlich keine bezahlten Philosophie-Professoren! Nicht mal Philosophie-Studenten!
Vorhin fragte ich mich, ob **ADORNO** glaubte, dass ihn andere begreifen können - und wollen?
Jetzt frage ich mich, ob **ADORNO** selbst wusste, was er meint.
Oder anders gefragt: Wollte er überhaupt etwas meinen?

In der theoretischen Physik geht es beispielsweise bereits auch schon mehr um die Schönheit und Eleganz einer Formel, als um deren Wahrheitsgehalt und Aussagekraft.

Ist Philosophie zur Wortakrobatik mutiert?

Bei Philosophie müsste es eigentlich immer in letzter Konsequenz um die Frage gehen, wie man als Mensch dieses Leben am besten ertragen kann.

5. These:
Die Aufgabe der Philosophie besteht darin, Antworten zu finden auf die Frage:
Wie kann man sich selbst und andere Mensche dazu bewegen, nicht das eigene Unglück zu sein?

Es geht um Leidensvermeidung!
Und um die Frage, wie man ein bisschen glücklich sein kann.
Aber um diese einfachen Fragen mit einer einfachen Antwort zu befriedigen, muss man die wirklichen Mechanismen des Lebens und der Natur zugrunde legen.
Und da hapert es eben!

Wir wissen fast alles über die Welt. Wir haben die Pflanzen, die Tiere, die Steine und das Wasser erforscht. Auch den Menschen kennen wir bis tief in seine Erbinformationen hinein.
Der Himmel ist kein Mysterium mehr - der Mond, die Planeten, die Sonne, die Sterne... - wir wissen, was da prinzipiell läuft!

Wobei es natürlich noch ein paar offene Fragen gibt. Und - schwups! - durch die Schlupflöcher solcher offenen Fragen springt die Phantasie der Mensche hinaus!
Nun werden verwegene Theorien entworfen. Wirrwarr blüht. Firlefanz!

Die gewagtesten Saltos und Überschläge werden vorgeführt und jedes Mal knallt der Dompteur mit der Peitsche, als wäre etwas ganz Tolles passiert. Der uneingeweihte Zuschauer bemerkt nicht, dass außer dem Knall in Wahrheit nichts passiert ist.
Nur fauler Zauber.

Nichts Zählbares!
Nichts, was uns in der Beherrschung der Welt voranbringen könnte.

Dazu kommt:
Je mehr das Mensch in das All, oder in die Mikrowelten vordringt, um die noch offenen Fragen zu klären, desto mehr Fehler ergeben sich zwangsläufig. Das Mensch muss sich nämlich bestimmter Hilfsmittel bedienen - Mikroskope, Teleskope, Radarschirme etc.
Es kommen Unschärfen auf. Fehler schleichen sich ein. Es wird viel interpretiert, weil die Dinge nicht mehr direkt erfahrbar sind. Forschung wird partiell zur Wahrsagerei.

6. These:
Was der menschlichen Erfahrung widerspricht, kann nicht wahr sein! Aber manches, was Mensche erfahren haben, führte zum Irrtum.

Das berühmte Höhlengleichnis von **PLATON** soll die Situation der Mensche in der Welt darstellen - ihr Gefangensein!
Ihre Ohnmacht, die Dinge wie sie wirklich sind und sich wirklich abspielen erkennen und begreifen zu können.
Dieses Gleichnis ist - trotz, dass es millionenfach nachgebetet worden ist - ein Schwachsinn in Potenz!
Die Welt ist erkennbar!

Das Gleichnis stimmt im Übrigen hinten und vorne nicht! Stimmte schon damals nicht, als sich **PLATON** dieses Gleichnis aus den Fingern gesogen hat.

Das Mensch sieht sich nämlich einer höchst mannigfaltigen, farbigen, abwechslungsreichen und spannenden Welt gegenüber. Wir sehen keine Schatten von irgendetwas, was wir nicht begreifen können. Es ist keine falsche Vertrautheit mit der Welt, die wir erleben. Wir erleben Vertrautheit. Wir sind vertraut!

Wir müssen nicht Gefangene von Bildern sein. Auch ohne Philosophie versteht das Mensch seine Existenz zu sichern.

Seit es dieses idiotische Gleichnis gibt, muss sich die Philosophie, oder jedenfalls Teile von ihr, abmühen, um nur irgendwie nachzuweisen, dass die Welt erkennbar ist.

Die anderen Teile der Philosophie hocken da und verweisen auf **PLATON**: Nicht erkennbar! Nur mit Gott erklärbar!

Die Weltanschauung, die sich ergäbe, wenn man sich auf gesichertes Wissen beschränken würde, wäre eine sehr sachliche und nüchterne Angelegenheit. Sehr deprimierend vielleicht auch. Und ziemlich langweilig, weil realistisch.

Nackt und erbärmlich stünden die Mensche dann da.

Wenn über Macht diskutiert würde und über Politik, käme man am Ende auf Kapital.

Wenn über Wirtschaft diskutiert würde, käme man auf Profit.

Wenn über Liebe diskutiert würde, käme man auf Sexualität.

Wer über das Leben diskutiert, kommt auf den Tod.

Das macht keinen Spaß. Man will herumlabern, schwätzen...- eben ein Bisschen philosophieren!

Der Begriff des 'Postfaktischen' wurde erfunden.

7. These:

19

Die letzten Wahrheiten sind profan und einfach langweilig!

Die Kriege haben stattgefunden, die Ketzer sind verbrannt, die Natur wird vernichtet, das Geld ersetzt den Glauben... - die Schwachen werden mit wachsender Effektivität ausgerottet.

Es ist für eine endgültige Philosophie nicht wichtig, die letzten Gesetze, die letzten Strukturen des Mikro oder des Makrokosmos zu kennen. Wichtig ist nur, das Wissen um deren Existenz und ihren Geltungsbereich - immer und überall!

Also:
Wir wissen lange schon genug, um letzte Zusammenhänge der Welt und des Lebens begreifen zu können, wenn wir denn wollen würden!
Man muss nicht alles wissen, um erkennen zu können.
Aber das, was man weiß, muss wahr sein.
Es genügt längst, was wir an wahren Wahrheit wissen!

Es könnte genügen.

Was ich als wahre Wahrheiten bezeichne, sind die Dinge, die sich millionenfach in der Evolution immer wieder gleich ereignet haben und immer wieder gleiche Folgen nach sich zogen. Es sind die ganz einfachen Wahrheiten (Erfahrungen, Erkenntnisse) deren Nichtbeachtung erhebliche Verletzungen, oder gar den Tod des Individuums herbeiführen können.

Egal welcher Theorie über die Wahrheit einer anhängt, wenn er ins Feuer geht, wird er brennen!
Wer nichts zu fressen hat, muss verhungern!

Bei konsequenter Beschränkung auf das gesicherte Wissen, auf die durch Erfahrung abgesicherten Wahrheiten - die wahren Wahrheiten! -, könnte man ein Weltbild entwerfen, das alle Mensche begreifen könnten. Und man könnte die Fragen nach Glückseligkeit und Sinn des Lebens schlüssig beantworten.

Das wäre dann eine endgültige Philosophie.

II - EVOLUTION oder GERECHTIGKEIT

Künstliche Intelligenz - 2024 - "ChatGPT" sagt:

Die philosophische Definition von 'Evolution' variiert je nach Kontext und Denkschule, doch im Allgemeinen kann sie als Prozess beschrieben werden, der Veränderung und Entwicklung über Zeit umfasst. Es gibt mehrere Aspekte, unter denen Evolution philosophisch betrachtet wird:

1. ***Metaphysische Perspektive****: Hier wird Evolution als grundlegendes Prinzip des Wandels und der Entwicklung im Universum betrachtet. Diese Sichtweise geht davon aus, dass alles Sein und Werden durch einen ständigen Prozess der Transformation gekennzeichnet ist. Philosophen wie Heraklit haben dies als "Panta rhei" oder "Alles fließt" beschrieben.*

2. ***Erkenntnistheoretische Perspektive****: In dieser Sichtweise wird untersucht, wie das Wissen über Evolution selbst entstanden ist und wie sich unser Verständnis von Evolution entwickelt hat. Dies beinhaltet die Analyse der wissenschaftlichen Methoden, die zur Erforschung der Evolution verwendet werden, und die Interpretation der daraus gewonnenen Erkenntnisse.*

3. ***Ethik und Soziologie****: Hier wird untersucht, welche Implikationen die Theorie der Evolution für ethische und soziale Fragen hat. Dies umfasst Diskussionen über die Natur des Menschen, Moral und die Entwicklung von Gesellschaften. Die Sozialdarwinisten des 19. Jahrhunderts zum Beispiel versuchten, die Evolutionstheorie auf soziale und politische Systeme anzuwenden.*

4. *Teleologie und Finalität*: Ein weiterer philosophischer Diskurs befasst sich mit der Frage, ob Evolution ein Ziel oder eine Richtung hat. Während die wissenschaftliche Evolutionstheorie (im Sinne von Darwin) keine teleologischen Aussagen macht, haben einige Philosophen und Theologen versucht, der Evolution einen zielgerichteten Charakter zuzuschreiben.

5. *Philosophie der Biologie*: Diese Unterdisziplin der Philosophie befasst sich speziell mit den theoretischen Grundlagen und den philosophischen Implikationen der biologischen Evolutionstheorie. Hier werden Fragen nach der Natur von Arten, der Mechanismen der natürlichen Selektion und der Bedeutung genetischer Variation diskutiert.

Zusammengefasst lässt sich sagen, dass die philosophische Definition von 'Evolution' weit über die rein biologische Theorie hinausgeht und eine Vielzahl von Aspekten und Fragestellungen umfasst, die sich mit Veränderung, Entwicklung, Wissen, Ethik und dem Wesen der Wirklichkeit befassen.

Irgendwann ist irgendwer auf die Idee gekommen, alle Mensche seien gleich, hätten vor Gott das gleiche Recht auf Leben und Glückseligkeit.
Vor Gott okay!
Wer aber, bitte sehr, ist Gott?
Was hat das Mensch mit einem Gott zu schaffen?
Das Mensch ist vorläufiges Endprodukt einer Entwicklung, die man Evolution nennt. Schon mal gehört?!

Wer das heutzutage im 21. Jahrhundert nicht wahrhaben will und immer noch mit einem göttlichen Schöpfungsakt herumalbert, ist nicht nur ignorant, sondern muss sich selbst vorsätzlich mit Blindheit schlagen. Er muss sein wie das Kind, was da mit dem Fuß aufstampft: Ich will Suppe essen! Die Suppe aber steht längst auf dem Tisch und dampft.

8. These:
Wer sich gegen die Erkenntnisse der Wissenschaften sperrt, kann sich nicht auf Glaubensfreiheit berufen.

Evolution findet seit Milliarden von Jahren statt. Vor dreieinhalb Milliarden hat sich das hochkomplexe DNS-Molekül gebildet.
Gott 'gibt es' erst seit ein paar tausend Jahren.
Und man konnte sich bis heute noch nicht einmal einigen, wie er heißt und wie er aussieht. Lasst doch endlich die Kirche im Dorf, Freunde!

Der Verlauf der Entwicklung der menschlichen Art infolge der Evolution ist in der Rückschau unbegreiflich. Es haben Wechselwirkungen, Ereignisse und Prozesse stattgefunden, die man niemals in ihrer Wirkung von vornherein hätte berechnen oder planen können. Überall und immer regierte der Zufall.
Und nur der!
Unsere Verwunderung entsteht, weil wir das, was entstanden ist, als sinnvoll, ja als einzig mögliches und wünschenswertes Ergebnis der Evolution empfinden. Es scheint uns, als habe alles von Anfang an auf dieses Endziel Entstehung der Mensche hingearbeitet, hingewirkt, hingezielt.

Irrtum!

Wir entdecken rückwärts forschend, wie es gewesen ist.
Manchmal entdecken wir ein paar kausale Zusammenhänge. Aber es hätte auch ganz anders ablaufen können.

9. These:
Die Wissenschaft entschlüsselt rückblickend einen nie vorhanden gewesenen Plan.

Tatsächlich hat eine Unmasse, eine nicht zu beziffernde Anzahl der wahnwitzigsten Zufälle zu diesem Ergebnis, das wir 'Menschheit' nennen, geführt.
Auch alle anderen Bereiche der belebten Realität – Tierwelt, Pflanzen, Bakterien... sind Produkte des Zufalls und der Wechselwirkungen.
Als gemeinsame Bedingung für die Existenz des jeweiligen Zufallsproduktes können wir formulieren:
Alles was entstanden ist, musste sich im Kampf gegen das Vorhandene durchsetzen!

Jedes Lebewesen musste wenigstens soviel andere vernichten oder wegfressen, dass die eigene Art genug Lebensraum und Lebensmittel erhielt, um sich fortzupflanzen zu können.
Mensche, Bäume, Viren, Frösche...

Wobei zugegebenermaßen der Kampf ums Überleben bei den Pflanzen nicht derart spektakulär abläuft wie bei den mobilen Tieren, die sich verfolgen, bekämpfen und körperlich zerstören.
Blutbäder ohne Ende!

Übrigens:

Die Vorteile der Art und Weise der Paarung bei Tier und Mensch, gegenüber anderen Formen der biologischen Vermehrung, liegen nicht direkt offen auf der Hand. Es scheint im Gegenteil oft sehr umständlich und höchst gefährlich, was manche Lebewesen veranstalten müssen, um sich paaren und - daraus resultierend - fortzupflanzen zu können.

Beim Mensch erreicht das Paarungsverhalten eine wahrhaft komplizierte Stufe:
Das männliche Individuum muss nicht nur balzen und andere Mitbewerber um die Gunst des Weibchens verdrängen, es muss darüber hinaus - erstens dem Weibchen auch noch gefallen, und zweitens, ihm muss das Weibchen gefallen!
Anders gesagt Männchen und Weibchen müssen sich verlieben ineinander.
Zumindest kurzzeitig.

Erst auf den zweiten Blick erscheint das Moment der Liebe wirklich als ein evolutionärer Vorteil gegenüber tierischer Paarung.
Liebe intensiviert die Selektion!

Was sich nicht liebt, stößt sich ab; kommt nicht unter eine Decke. Verliebtheit ist Entdeckung einer genetischen Fügungsmöglichkeit. Passt!
Mit der Verliebtheit wird die Paarungswahl nach den altbewährten Kriterien verschärft - perfektioniert sozusagen! Kulturelle Elemente, oder gar intellektuelle werden zur Seite gedrängt. Liebe macht blind. In jemanden verliebt sein, heißt, in dem anderen rein instinktiv einen sehr günstigen, wenn nicht sogar den genetisch optimalen Partner entdeckt zu haben, um Nachkommen in die Welt setzen zu

können, die mit dem eigenen Genpool perfekt harmonieren.

Verliebtheit bewirkt Beschleunigung der Evolution!

Nochmal zum Überlebenskampf:
Die attraktivsten Kämpfe um die Selbsterhaltung liefert die Art der Mensche. Das Mensch, diese am höchsten strukturierte Art von Tier, erdenkt sich - und nur weil es gelernt hat, zu denken, hat es überleben können - ... erdenkt sich vielfältige Hilfsmittel, die ihm einen Vorteil, gegenüber anderen Tieren oder Artgenossen, die nicht zum unmittelbaren Umfeld seiner Sippe gehören, im Kampf um das Überleben verschaffen. Das reicht oft bis ins Kriminelle!

Die Evolution ist aus der Sicht der modernen zivilisierten Moralauffassung der Mensche nicht eben eine sehr löbliche Angelegenheit.
Man überlege nur - da ist aus purem Zufall biologisches Leben entstanden, welches sich nur dadurch am Leben halten kann, wenn es anderes Leben vernichtet.
Denn zum Leben verbraucht ein Lebewesen Energie. Leben ist Umwandlung von Energie in Körpersubstanz und Bewegung. Das Lebewesen rennt nun herum, um Energie zu finden, die es zum Weiterwachsen und Weiterleben und Weiterrennen benötigt.
Prost, Mahlzeit das große Fressen ist angesagt! Jeden Tag früh, mittags und abends. Erbarmungslos!

Wenn sich das wirklich einer ausgedacht hätte, den müsste man federn, teeren und rädern!

Die Energieaufnahme der Pflanzen erscheint uns weniger brutal. Pflanzen nutzen die Energie der Sonne und des Bodens auf dem sie wachsen. Allerdings findet auch bei

28

den Pflanzen ein gnadenloser Verdrängungswettbewerb statt. Nur - es fließt kein Blut.
Das Töten läuft dezent und still ab. Die Pflanzen, die unterliegen, verdorren einfach. Werden überwuchert. Ohne Gekreisch und Gebrüll. Ohne Zeder und Mordio!

Warum hat sich die Evolution nicht mit den Pflanzen beschieden? Nein, es mussten auch diese mobilen Lebewesen sein zu Wasser, zu Lande und in der Luft!

Sollte man statt von Lebewesen nicht doch besser von Totmachern sprechen?

Und zu allem Überfluss wird am Ende der bisherigen Evolutionsetappen die Erde durch die Mensche heimgesucht, die sich außer zu Wasser, zu Lande und in der Luft nun auch anschicken, sich im Weltall auszubreiten.
Um das zu verhindern, müssten sie sich selbst vernichten!

Dieses vorläufig letzte Entwicklungsprodukt der Evolution - das Mensch - ist wahrhaftig der Gipfel. Tatsächlich reduziert sich die Stärke der Mensche nicht mehr nur auf körperliche Eigenschaften Schnelligkeit, Panzerung, Gift etc. , sondern erweitert sich um solche Dimensionen wie List, Tücke, Geschick, und Wissen.
Das Mensch kann nicht nur Kraft seiner körperlichen Voraussetzungen andere fressen und ausrotten, es hat darüber hinaus gelernt, sich in großen Gruppen zusammenzuschließen, sich innerhalb dieser Gruppen vermittels des Signalsystems der Sprache koordiniert zu verhalten, und wurde damit allen anderen 'Lebewesen' haushoch überlegen.
Es sozialisierte sich!

Es geht darum 'the fittest' zu sein.

In den menschlichen Gruppen kommen später die ökono-mische und die religiös-kulturelle Stärke hinzu. Die Menschgruppen bilden letztendlich Staaten und unterwer-fen sich strengen Gesetzen, um noch koordinierter und machtvoller gegen die Anderen auftrumpfen zu können.

Doch das Mensch macht sich auch selbst Konkur-renz. Der Lebensraum, in dem sich das Mensch ausgebrei-tet hat, wurde pro Kopf immer kleiner.

Die Evolution hat mit der Entwicklung der Mensche ein Tempo aufgenommen, welches vielleicht schon einmal bei den Sauriern erreicht war. Doch damals trat glücklicher-weise ein kosmischer Zufall auf - ein großer Meteoriten-einschlag auf der Erde (oder etwas Ähnliches) - und die Saurier starben aus. Folge:

10. These:
Die Affen bekamen zufällig ihre Chance, Mensche werden zu können.

Wenn das Mensch aussterben würde, bekämen vielleicht die Frösche eine Chance?

Aber am Ende wären die dann keinen Deut anders als die Saurier… oder die Mensche - Fressmaschinen! Totma-cher!

Angesichts der Grausamkeit der Welt sagt **ALBERT CAMUS**: 'Entweder Gott ist gut, dann ist er nicht all-mächtig; oder aber er ist allmächtig, dann ist er nicht gut.'
FRIEDRICH NIETZSCHE sagt:
'Jedes Tier ist das wandelnde Grab tausender anderer.'

Seit gut fünf oder achttausend Jahren haben nun Mensche aus unerfindlichen Gründen angefangen, sich selbst in ihrem Tun nicht mehr so absolut edelmütig zu empfinden.
Einige begannen sich ein bisschen zu schämen für die Taten, die man tat - für Mord und Todschlag!
Seit gut fünf oder achttausend Jahren versuchen also einige Mensche ihrer Natur zu entkommen; sie zu überwinden.

Was trieb die Mensche dazu, sich selbst und ihr tierisches Tun in Frage zu stellen?

Millionen von Jahre hat man sich gegenseitig umgebracht und war immer stolz darauf gewesen, wenn man recht viele von den 'Anderen' ins Jenseits geschickt hatte und nun plötzlich gab es vereinzelte Stimmen, die gegenseitiges Abschlachten irgendwie 'uncool' fanden. Die normalste Grundregel der Evolution wurde mit einem Fragezeichen versehen.
Und seither gibt es zwar nicht weniger Kämpfe, Kriege und Mordtaten, aber es gibt bei den Menschen ein schlechtes Gewissen manchmal, zeitweise, punktuell.

Hatte das Mensch vielleicht gelernt, dass es durchaus vorteilhaft sein kann, dass man den anderen nicht gleich auf den ersten Anhieb erschlägt und auffrisst?

Wenn man gelegentlich Gnade walten lässt, könnte das beispielsweise die Chance eröffnen, dass man von einem anderen auch nicht gleich gefressen wird, wenn der auf ähnlichen Vorteil spekuliert.
Sei es wie sei - dass immer wieder Heerscharen und Völker mit Wonne und fröhlichem Gesang aufbrechen, um 'Andere' niederzumetzeln, ist auch in den letzten Jahrzehnten kein Einzelfall.

Trotz der in aller Welt vorhandenen Humanitätsduselei!

Wie kam die "Humanität" in die Welt?

Es waren nicht die Tiere, deren Quieken, Miauen und Blöken das Herz der Mensche erweicht hat, es dürften die Schwachen innerhalb der menschlichen Gruppierungen gewesen sein, die sich - mit der Kraft, die in der Zusammenrottung schlummert - den Starken einen Widerstand entgegensetzten. Man führte den Starken in der eigenen Gruppe vor Augen, dass auch sie Not und Leid ereilen könnte. Und dass das nichts Erstrebenswertes ist.
Und dass, wenn die Starken nicht bereit sind, den Schwachen ein hinreichendes Stückchen vom Wohlstand abzutreten, womöglich die Masse der Schwachen die Starken überwältigen könnte.
Das haben die Starken irgendwann begriffen.
Sie üben ihre Stärke nur noch dann in brutaler Weise aus, wenn sie sicher sind, dass die Schwachen nicht wirklich aufmucken können.

Diese Anwandlungen von solidarischem Verhalten der Starken gegenüber den Schwachen kann man allerdings auch schon bei tierischen Gruppen beobachten.
Solidarisches Verhalten innerhalb einer Gruppe scheint auch ein Evolutionsprinzip zu sein, welches ganz und gar auf die Stärke und Überlegenheit der jeweiligen Gruppe zielt.
Innerhalb der Gruppenhierarchien erhalten die Schwachen einen sinnvollen Platz, bekommen Aufgaben übertragen, die sie erfüllen können.
Die Starken werden von Kleinkram entlastet. Ein beidseitiger Vorteil!

Die Individuen, die allerdings unfähig waren, in der Gruppe eine Aufgabe zu finden und übernehmen zu können - oder wegen Alter, oder Krankheit nicht mehr erfüllen konnte... - dann hieß es:
Tschüss! Ab in den Wald!

Krankenhäuser, Alten- und Pflegeheime sind Erfindungen der Neuzeit!

Und vielleicht ist das Aufkeimen von Humanität auch der Tatsache geschuldet, dass es schon in den frühen Gesellschaften zu Durchmischungen von Stark und Schwach kam. Es gab Aufstieg und Abstieg. Ganz einfach schon bedingt durch das Altern!
Starke wurden schwach.

In weiser Voraussicht schufen sich also die Starken die Voraussetzungen - Vermögen, Rente, Pflege... etc. - sich einen Teil ehemaliger Stärke bewahren zu können.
Auch zwischenmenschliche Beziehungen - Mutterliebe, Glaubens und Sexualpartnerschaft, etc. - unterminierten die althergebrachten gnadenlosen starren Hack- und Kratzordnungen.
Es entwickelten sich soziale Regeln, die den Konkurrenzkampf innerhalb der jeweiligen Gruppe, oder Gesellschaft begrenzten. Der Krieg 'jeder gegen jeden' findet innerhalb der menschlichen Gruppen auf relativ kleiner Flamme statt.
Aber wehe, wenn es gegen die 'Anderen' geht... - Feuer frei!

Die Fremdenangst, der Versuch, Fremde auszugrenzen, der Fremdenhass – das sind leider alles normale Ergebnisse des evolutionären Bestrebens, die eigene Gruppe abzu-

schirmen und zu schützen vor schädlichen Einflüssen –
ökonomisch und kulturell!

**Ein moderner Begriff für solche menschlichen Grup-
pen, die sich einer gemeinsamen Kultur verpflichtet
fühlen, ist die 'Wertegemeinschaft'.**

Mit den Jahrhunderten wurden die Gruppen, in denen sich
die Mensche organisieren und zu denen sie sich mehr oder
minder zugehörig empfinden, immer größer. Zuletzt bilde-
ten sich Nationalstaaten und Staatenverbände.
Die sich gegenwärtig vollziehende Globalisierung findet
vorwiegend (?) auf dem Schlachtfeld der Ökonomie statt.
Die Zahl der Toten, die die Globalisierung mit sich bringt,
ist nicht genau bezifferbar, dürfte aber einige zig Millionen jährlich betragen.
Die ökonomisch starken Gruppen ignorieren kulturelle
Grenzen und breiten ihre Einflussbereiche aus.
**Um irgendwo auf dem Globus entsprechenden Profit
erzielen zu können, werden auch dort herrschende
Todesstrafe oder Kannibalismus toleriert.**

Der Begriff 'Globalisierung' ist ein Euphemismus. Es ist
keinesfalls ein Prozess der globalen Annäherung der
Gruppen, Völker und Nationen, sondern der Siegeszug einer labilen multinationalen Struktur, deren Kern in der kapitalistischen Produktionsweise und der sogenannten
abendländischen Kultur besteht.
In dieser Kultur sind der Glaube an einen christlichen Gott
sowie auch der Atheismus weitestgehend salonfähig. Die
Rolle der Frauen in der Struktur ist progressiv und in vielen Bereichen gleichberechtigt.
Die besondere Stärke dieser 'abendländischen' Struktur
besteht in der sozialen Sicherstellung der ökonomisch
Schwachen.

Die wahnwitzigen Vermögensunterschiede zwischen den Untergruppierungen (Klassen, Schichten, Familien…) wird teilweise derartig geschickt kompensiert, dass die Schwachen keinerlei Not haben, die Struktur, so wie sie ist, grundsätzlich zu akzeptieren.
Gewisse Rangeleien um diese oder jene Probleme und deren gesetzliche Regelungen gehören zum großen Spiel, das man Demokratie nennt.

Mit der Globalisierung beginnt zweifelsohne gegenwärtig das Gefühl aufzukeimen, dass alle Mensche zur Gruppe der 'Erdlinge' gehören.
Aber noch längst nicht bei allen Menschen.
Es gibt auch noch kleine menschliche Gruppierungen, die glauben, dass die 'Anderen' außerhalb ihrer Urwaldlichtung anfangen.

Übrigens oft werden solche auf beinahe steinzeitlicher Stufe stehenden Gruppen als Inkarnation des Pazifismus und der Friedensliebe angesehen. Das ist ein großer Irrtum!
Solche Relikte früher Gesellschaftsformen hatten ganz einfach Glück, dass sie in den allgemeinen Konkurrenzkampf um den Platz an der Sonne nicht einbezogen wurden und anderseits nicht aktiv eingreifen mussten, weil ihnen die Natur genügend Energieträger vor Ort zur Verfügung hielt. Sie mussten, um zu Überleben, nicht nach neuen Ländereien Ausschau halten und andere Gruppen vernichten. Glück gehabt, weiter gar nichts!

11. These:
Humanität erfordert die Überwindung, die Außerkraftsetzung, die Entthronung der evolutionären Zwänge!

Evolution, um es noch mal hervorzuheben, bedeutet:
Der Starke ('the fittest') rottet seine Feinde, seine Konkurrenten rechtzeitig und vorbeugend aus.

Wenn er das nicht tut, womöglich Mitleid walten lässt, gerät er in die Gefahr, dann ausgerottet zu werden, wenn die Konkurrenz sich erholt hat und stark geworden ist.

12. These:
Frieden ist die Strategie der Schwachen.

Pazifismus ist Selbstmord, wenn ringsumher die Evolution tobt.

Es gab in der pazifistisch angehauchten Friedensbewegung der sechziger und siebziger Jahre des 20. Jahrhunderts den Spruch: Kämpfen für den Frieden, ist wie Ficken für die Jungfräulichkeit!
Das sollte ein Paradoxon sein. Ist aber keins!
Denn 'Frieden' an sich ist ebenso wie 'Jungfräulichkeit' an sich kein Zustand, der anzustreben wäre. Frieden und Jungfräulichkeit schließen Entwicklung und Fortpflanzung aus - sind unfruchtbare Zustände.

Der Kampf ist der Vater aller Dinge, das wusste schon HERAKLIT.

Aber wofür soll man denn dann sein, wenn nicht für den Frieden?

Heißt für den Frieden sein, die Augen verschließen vor dem Grundprinzip von Leben? Von Entwicklung? Von Fortschritt?
Die Augen schließen, vor dem Naturell der Mensche, das tief in ihrer genetischen Codierung verankert ist?

Kann das Mensch den Egoismus, den Selbsterhaltungstrieb der immer gleichzeitig die Unterwerfung von 'Anderen' bedeutet überwinden?
Kann es aus der Evolution aussteigen?

Wäre das überhaupt wünschenswert?

Solche Fragen klingen wenig human. Und das sind sie
auch. Das Humane ist eine Ebene, die das Mensch noch
nicht erreicht hat. Noch nicht?
Oder für immer und ewig nie erreichen können?

**Ist das Mensch unentrinnbar gefangen in den Mecha-
nismen und Regeln der Evolution - 'Krieg aller gegen
alle' wie es THOMAS HOBBES formuliert hat?**

Noch mal:
Das evolutionäre Grundprinzip der Energiegewinnung
durch Fressen, oder das Recht und die Pflicht des Stärkeren zur Unterwerfung der Schwächeren...
- ich betone: **Auch die PFLICHT des Stärkeren zur Unterwerfung der Schwächeren -**
...regiert die biologische Natur seit Milliarden von Jahren
erfolgreich.

Wobei:
Eigentlich kann man nicht von Erfolg sprechen, weil es
kein Ziel gab, keinen Plan. Der Erfolg des Grundprinzips
der Evolution besteht einfach darin, dass es immer noch
Leben gibt.

13. These:
**Wenn der Stärkere seine PFLICHT zur Unterwerfung
der Schwachen nicht mehr erfüllt, wird eines Tages
das Mensch von der Erde verschwinden.**

Oder wird das Mensch demnächst hinreichende Mittel besitzen, um das evolutionäre Grundprinzip des Kampfes außer Kraft zu setzen, ohne die Existenz des Lebens zu gefährden?

In den letzten Jahren diskutierte man eher umgekehrt die Frage, ob das Mensch mit kriegerischen Aktivitäten das Leben gefährdet und wie stark. Der Atomkrieg ist eine reale Möglichkeit, die Existenz der Mensche zu beenden. Muss aber nicht sein.

Man kann auch fragen, wenn man denn das universale Grundgesetz von Leben beachtet, ob ein Überleben des Lebens und die Fortsetzung der Evolution ohne Krieg möglich ist?

Kann das Mensch aus der 'kriegerischen' Evolution aus- und in eine 'friedliche' umsteigen?

Wird dann aber aus Evolution womöglich Stagnation oder gar Dekadenz?

STEPHEN HAWKING:
'Die Rate, mit der die menschliche DNS gegenwärtig von der biologischen Evolution aktualisiert wird, beträgt ungefähr ein Bit pro Jahr. Hingegen werden jedes Jahr zweihunderttausend neue Bücher publiziert, das heißt, es entstehen pro Sekunde über eine Million Bit neue Information. Natürlich ist der größte Teil dieser Information Müll, doch selbst wenn im Schnitt nur jedes millionste Bit von Nutzen ist, vollzieht sich dieser Prozess immer noch hunderttausendmal so schnell wie die biologische Evolution. Diese Datenübertragung durch externe, nichtbiologische Mittel hat dazu geführt, dass die Menschheit die Welt be-

herrscht und die menschliche Bevölkerung exponentiell anwächst.'
(**HAWKING**, 'Das Universum in der Nussschale', Hoffmann und Campe 2002, S.171)

Und **HAWKING** meint allen Ernstes, dass das Mensch nun an der Schwelle steht, wo es beginnt, die innere Datenbank der DNS zu beeinflussen, ohne auf die langatmige biologische Evolution angewiesen zu sein.
Die menschliche DNS habe sich in den letzten zehntausend Jahren nur unbedeutend verändert. Er meint, das Mensch werde nun bald anfangen, die menschliche DNS gezielt vollkommen umzugestalten.

'Natürlich wird die (gentechnische) Veredelung einiger Menschen zu großen sozialen und politischen Problemen hinsichtlich der nicht veredelten Menschen führen.'(ebenda, S.173)

Warum verändert sich die menschliche DNS nur so wenig?
Ist das bereits Degeneration? Findet zu wenig Kampf statt?

Und wieder **STEPHEN HAWKING**:
'Doch Computer gehorchen dem MOORschen Gesetz: Ihre Geschwindigkeit und Komplexität verdoppeln sich alle achtzehn Monate. Auch das ist eine dieser exponentiellen Wachstumsraten, die offensichtlich nicht endlos andauern können. Wahrscheinlich aber wird sie sich fortsetzen, bis Computer eine ähnliche Komplexität wie das menschliche Gehirn besitzen.... wenn komplizierte chemische Moleküle im Menschen so zusammenwirken können, dass sie diesen mit Intelligenz ausstatten, dann sehe ich nicht ein, was ebenso komplizierte elektronische Schaltkreise daran hin-

dern soll, Computer zu intelligentem Verhalten zu befähigen. Und sobald die Computer einmal intelligent sind, werden sie wahrscheinlich Computer von noch größerer Komplexität und Intelligenz konstruieren.' (ebenda, S.174)

Sollen wir wirklich auf das elektronische Leben hoffen?

Kann die biologische von der elektronischen Evolution abgelöst werden?

Es wäre vielleicht nicht so übel, aber ich befürchte, dass das nicht klappen wird. Die Computer werden noch sehr lange, zu lange vielleicht, nur Werkzeug der Mensche sein im Kampf um das Dasein.
Ihre Verselbständigung wird an der Unmöglichkeit scheitern, sich zu sozialisieren.
Auch wenn irgendwann Roboter entsprechende Mobilität erreichen könnten... - um wirklich gesellschaftliche Wesen werden zu können, müsste es eine elektronische Evolution geben - sprich, es müsste diesen ewigen gnadenlosen Kampf ums Dasein geben, wie auf der biologischen Ebene.
Nur solch ein Kampf bringt sich selbst reflektierende Wesen hervor, die sich in Gruppen zusammenschließen müssen, um überleben zu können.

14. These:
Kampf ums Dasein und gleichzeitige Sozialisierung sind die Voraussetzungen für das Entstehen von Selbstbewusstsein, für die ICH-Werdung von Individuen für die ICH-Werdung des ES!

Nein, auf die Kameraden aus Blech und Mikrochips können wir als mögliche Alternative zu uns selbst - zu uns Mensche - nicht hoffen!

Außer dem sozialen Manko besitzt die elektronische Welt auch noch das Manko, absolut an die Logik gebunden zu sein. Elektronische Denkapparate können der Logik nicht entfliehen, können keine kreativen Lösungen hervorbringen.

Mit Logik kann die elektronische Welt nur erfassen, was bereits erkannt ist. Mit Logik kann man darauf kommen, dass Eins plus Eins Zwei ist, aber niemals, dass man hinterm dem sterbenden Pferd von PICASSO die sterbende Freiheit erkennen kann.

Kreatives Denken bedeutet assoziatives Verlassen der logischen Ebene, bedeutet Verknüpfung nicht zusammengehörender Aspekte zu einem neuen.
Das werden die Blechkameraden nie können! Dazu sind sie zu einfältig.

Also, weiter mit uns selbst!

Nächste Frage:
Darf das Mensch eine allgemeine humane Gerechtigkeit herstellen? Wo auch der Schwache ein Recht auf Leben erhält?
Wo der Starke nicht mehr verpflichtet ist, den Schwachen umzubringen oder wegzudrängen vom Futtertrog, bis er von selbst verendet?
Darf man das?
Riskiert man damit den Untergang des Lebens überhaupt, weil man das Grundprinzip von Evolution verletzt und außer Kraft setzt?
Sind wir an der Stelle, wo wir sagen müssen, dass wir nicht mehr so leben wollen, wie es uns die herz- und mitleidlose Natur vorschreibt? Um den Preis des Unterganges?

Reichen die Energieressourcen der Welt wirklich, um alle Schwachen stark zu machen?
Denn das allein wäre die Lösung der Problems: Die Überwindung der Schwachheit!

Wenn alle gleich stark wären... ? Utopie! Kommunismus!!!

Im Kommunismus sollten Starke und Schwache nicht mehr nach ihrer Leistung beurteilt werden wie im Sozialismus , sondern nach ihren individuellen Möglichkeiten, etwas für die Gesellschaft zu leisten.
Der Starke eben etwas mehr, der Schwache weniger - bei gleichem Anteil am Gewinn!
Das wäre die absolute Gerechtigkeit!

Das Leistungsprinzip bevorteilt in ungerechter Weise den Starken, denn der Schwache kann ja nichts dafür, dass er geboren wurde, wie er geboren worden ist - schwach!
Würde diese kommunistische Gerechtigkeit nicht letztlich zu Degeneration führen? Ist solche Art Gleichheit und Gerechtigkeit überhaupt vorstellbar, wenn man sich die Mensche anschaut, wie sie uns allüberall auf der Welt auf Straßen und in Häusern und in Hütten und in Iglus... begegnen?

15. These:
Das Leben - Evolution und Entwicklung - sind grundsätzlich ungerecht.

Eigentum ist der Anfang aller Ungerechtigkeiten - gleich nach der genetischen Vererbung.

Gerechtigkeit ist in der Natur nicht vorgesehen. Gnadenlos wird Schwaches ausgerottet.

16. These:
Wer Gerechtigkeit herstellen will, muss das Leben beenden.

Es ist eine Frage der Energiebilanzen!
Eine gerechte Verteilung der Energie bedeutet, dass keine Energie übrigbleibt, für eine Weiterentwicklung. Gerechtigkeit bedeutet Stagnation und letztlich Untergang.

Das ist das tragische Paradigma des Lebens an sich. Darüber kann kein Humanismus hinweghüpfen.
Die bittere Wahrheit ist, dass die Mechanismen der Evolution die Mensche zwingen, so zu handeln, wie sie schon immer gehandelt haben. Bis zum Ende!

Die Menschheit müsste sich vielleicht entscheiden:
- Weiter im Sinne der Evolution und vorwärts bis zu den Sternen?

oder

- Herstellung einer humanen Gerechtigkeit und Untergang in Würde?

Oder...???????

Aber keine Bange - die Menschheit wird sich diese Fragen nicht stellen.
Sie denkt ja bisher über diese grundlegende und auch paradoxe Problematik der Evolution noch gar nicht nach!

Und wenn das so bleibt – oder weil auch das Nachdenken nichts ändern könnte:

Immer schön weiter am Gängelband der Evolution! Bis zum Sankt Nimmerleinstag!

III - IST oder NICHTS

Das Ergebnis meiner Überlegungen dieses Kapitels gleich vorweg:

SEIN ist nicht ewig. SEIN ist an ZEIT gekettet.
ZEIT ist also endlich, weil SEIN endlich ist.
Ewig ist nur das IST.

17. These:
IST plus ZEIT = SEIN - das ist die Weltformel!

Süddeutsche Zeitung , 17.3.07 , **THOMAS BÜHRKE**:
'Die StringTheorie gilt heute bei vielen Physikern als die aussichtsreichste Quelle für eine 'Weltformel'. Dieses von manchen ersehnte mathematische Konstrukt soll eines Tages die bekannten Gesetze der Quantentheorie und der Allgemeinen Relativitätstheorie zur Quantengravitation vereinen und sämtliche Vorgänge in der Natur von den kleinsten Elementarteilchen bis hin zu schwarzen Löchern und dem Urknall beschreiben.
... Allerdings funktioniert diese StringTheorie mathematisch nur in neun oder zehn Raumdimensionen... Erst eine vereinheitlichte Theorie der Quantengravitation könnte den Beginn der Welt erklären.'

Und genau das ist nicht möglich! Weil es diesen Anfang nicht gibt, nicht geben kann. Materie ist vielfältig, verändert sich ständig, bildet aus dem Chaos heraus immer neue Ordnungen und Anordnungen. Aber Materie ist heute so wie schon immer gleich aufgebaut und wirkt nach immer gleichen Prinzipien auf sich selbst und ihre Strukturen ein. Grundsätzliche Eigenschaften der Materie werden sich auch in der Zukunft nicht ändern.

Das ist völlig unabhängig davon, ob das Mensch das mit mathematisch-physikalischen Methoden beschreiben kann oder nicht.

Der Materie ist es gleichgültig, ob das Mensch sie begreift oder nicht. Sie existiert so wie sie ist. Schon immer. Und wird immer so bleiben wie sie ist.

Dabei hat die Materie schon die wunderbarsten Dinge hervorgebracht Galaxien, Sonnensysteme... und biologische Wesen, die sich selbst reflektieren und nach der Beschaffenheit der Welt fragen können... - unfassbar!

Die Materie ist der Baustoff des ISTs.

Wenn im IST eine Entwicklung einsetzt, wenn sich Strukturen bilden, die eine Tendenz zu größerer Komplexität und Kompliziertheit besitzen, oder sagen wir, wenn eine irgendwie gerichtete Entwicklung beginnt, wird aus IST ein SEIN, weil diese sich entwickelnde Struktur eine Zeit besitzt -nämlich die nur ihr zugehörige Zeit.
ZEIT bedeutet, dass ein, wenn auch nicht von vornherein berechenbarer, so doch vorhandener Abstand zwischen Entstehen und Vergehen existiert; zwischen Geburt und Tod; zwischen vorher und nachher!

(Nebenbei: Ein 'Jetzt' gibt es nicht. Bevor man es anschauen könnte, ist es bereits zum Nachher geworden.)

18. These:
Jegliches hat seine ZEIT! Nur das Chaos nicht.

Das chaotische, unstrukturierte IST hat keine Zeit.

Aus NICHTS kann nichts anderes entstehen als wieder nur NICHTS.

Wenn aus dem NICHTS etwas entsteht, dann war es kein NICHTS, sondern dann muss es IST gewesen sein.

Nur aus IST kann etwas entstehen - etwas, was in seiner Grundbeschaffenheit der Grundbeschaffenheit des IST identisch ist.

Keine Energie verschwindet aus dem IST, weil das IST kein anderes IST neben sich hat, wohin die Energie verschwinden könnte.

Es gibt nur das eine IST.

Und es gibt kein NICHTS.

Das NICHTS ist das NICHTS, weil es nicht existiert. Es ist das Gegenteil vom IST.

Und nur das IST existiert. Das IST ist!

Punkt.

Nochmal:
Aus NICHTS kann nichts entstehen. Oder es war eben kein NICHTS.
Soviel zum Urknall!

Würde man ein NICHTS zulassen und es denken, käme es zu einer Grenze zwischen IST und NICHTS. An dieser Grenze müsste das eine das andere aufheben. Also selbst wenn ein NICHTS existieren würde, wäre es nicht auffindbar, weil im Moment da man es fände, das NICHTS bereits zum IST werden würde.

Das **IST** würde das NICHTS ver**IST**en.

Oder:

Das **NICHTS** müsste das IST ver**NICHT**en.

Und das würde permanent so geschehen müssen. Also müsste das IST irgendwann zur Neige gehen.
Eine Auflösung des IST ins NICHTS zu einer Art verdünntem IST, ist ebenfalls nicht denkbar, weil dies in letzter Konsequenz auch zu einer Auslöschung des IST, zu einer Versickerung im NICHTS führen würde.

Alle denkbaren Berührungen von IST und NICHTS haben die unmögliche Konsequenz der Endlichkeit des IST und somit die Notwendigkeit, irgendwann angefangen zu haben.

Bleibt nur die eine Möglichkeit:

Es gibt kein NICHTS! Nirgendwo! Nirgend wann! Nie!

'Die Gesetze der Physik geben an, wie sich ein Anfangszustand im Laufe der Zeit entwickelt..... und... wir müssen die Anfangsbedingungen die Randbedingungen kennen....
Die Randbedingung des Universums ist, dass es keinen Rand hat.' (**STEPHEN HAWKING** / 2001)

Der zweite Hauptsatz der Thermodynamik besagt, dass die Unordnung über eine Zeit hinweg immer größer wird. Die Entropie das Maß der Verteilung von Energie und Materie nimmt zu. Sprich die Verteilung wird immer gleichmäßiger und zufälliger.
Dieser Hauptsatz ist die wesentliche Stütze für die Annahme, dass die gesamte Materie eine Entwicklung durchmache vom geordneten Urzustand ins Chaos zum Wärmetod!
Das darf aber nicht sein.

Nicht, weil nicht sein kann, was nicht sein darf, sondern weil im IST niemals etwas verschwinden kann. Wohin denn?

Es gibt ja nur das IST! Es ist kein geschlossenes System neben anderen. Es ist das einzig vorhandene chaotische System.

Nur in abgeschlossenen physikalischen Systemen nimmt die Entropie zu, oder bleibt unverändert.

Letzteres trifft für das IST zu.

Es ist zwar kein abgeschlossenes System, aber es hat keine Nachbarn.

Die Entropie kann sich nur in relativ beständigen Bereichen ändern, wandern… schwanken zwischen den möglichen Extremen.

Die Ressourcen sind konstant. Nichts kommt weg, nicht kommt hinzu. Wo sollte es auch herkommen? Wo sollte es hingehen?

Ins NICHTS kann nichts gehen, weil es das nicht gibt.

Das Pendeln und Schwanken zwischen Chaos und Ordnung ist eine Eigenschaft des IST.

Und nur wenn man das IST in der energetischen Gesamtbilanz als konstant denkt, lässt sich die Existenz der Welt widerspruchsfrei erklären.

Sobald man einen Verlust von Ordnung als Verlust an Energie denkt; oder sobald man ein Versickern des IST an den Grenzen zum NICHTS denkt, oder wenn man eine ständige Verdünnung des IST infolge Ausdehnung ins NICHTS denkt; immer wenn man das IST nicht als energetisch konstant denkt, kommt die Frage nach einem Ende des ISTs auf, womit selbstverständlich die Frage nach einem Anfang unweigerlich gekoppelt ist.

Dann kommen die Fragen nach dem 'Vorher' und dem 'Nachher'. Und dann bleibt einem aus der Not heraus, womöglich nur die Antwort, dass es die Welt eigentlich gar nicht gibt.

Aber es gibt das IST!
Und es ist eine erkannte Tatsache, dass im IST aus Chaoszuständen Strukturen entstehen können, Ordnungen! Anordnungen!
Ebenso können Strukturen zerfallen, können sich Ordnungen in Chaos auflösen.

Der eindrucksvollste Prozess einer Strukturbildung (der Erhöhung von Ordnung) ist die Entstehung des organischen Lebens auf der Erde. Nur das jeweilig höher strukturierte, sich auf höherer Ordnungsebene befindliche Wesen, konnte sich gegenüber seinen Vorgängern und Konkurrenten durchsetzen.
Sollte es der Wissenschaft scheinen, als würde sich die Welt in einem Zustand der Strukturauflösung, der Erhöhung von Unordnung befinden, dann ist das möglich, aber dieser Zustand ist nicht endgültig.
Der Prozess von Auflösung und Herstellung von Strukturen ist reversibel.

19. These:
Aus Chaos wird Ordnung, aus Ordnung Chaos.

Das IST ist in seiner Erscheinung unendlich mannigfaltig, kann in unendlich verschiedenen Konfigurationen existieren, befindet sich in ständiger ziel- und planloser Veränderung.

Unendliche Kombinationen und Varianten von Materiestrukturen und Zuständen sind möglich.

Ich gestatte mir noch eine festigende Anmerkung zum Problem Entropie:

PETER ATKINS /Universität Oxford schreibt in seinem Aufsatz 'Warum geschehen Dinge?' (in 'Wie funktioniert die Welt' Fischer Taschenbuch S. 256):
'Die Ansicht, dass Ereignisse sich abspielen, weil alles immer schlechter wird, ist von wunderbarer Einfachheit. Ich denke dabei an den Zweiten Hauptsatz der Thermodynamik und die Tatsache, dass alle natürlichen Veränderungen von einer Zunahme der Entropie begleitet sind... ich verstehe diese Worte aber unter dem Gesichtspunkt, dass Materie und Energie bestrebt sind, sich in Unordnung zu verteilen....
Jeder natürliche Wandel ist im Kern eine Ausdrucksform dieses einfachen Prozesses Ausbreitung in Unordnung. Diese Wahrnehmung der natürlichen Veränderungen hat aber den erstaunlichen Aspekt, dass die Verteilung auch Ordnung erzeugen kann. Aus der Ausbreitung in Unordnung können Strukturen erwachsen....
Insgesamt ist das Fortschreiten der Welt mit einer Zunahme der Unordnung verbunden, aber lokal können Strukturen... als lokale Verringerung des Chaos auftauchen.'

Das stimmt eben so nicht!

Insgesamt ist das Fortschreiten der Welt nur mit ständiger Veränderung des Verhältnisses von Ordnung und Unordnung verbunden.

Dass aus Chaos Strukturen entstehen können, ist der eine Prozess.

Der andere Prozess ist der, der Entropie, den der Zweite Hauptsatz der Thermodynamik beschreibt, nämlich - die ständige Bestrebung der Auflösung von Strukturen in Unordnung.

Nun ist es aber keinesfalls so, dass die Welt aus einem ursprünglich geordnetem Zustand Stück um Stück in das Chaos übergeht.
Nein, beide Prozesse laufen ständig und gleichzeitig ab, besitzen aber lokal unterschiedliche Kräfte. Nehmen hier die Strukturen zu, nehmen sie dort eben ab. Und umgekehrt. Völlig regellos!

Und nur wenn wir die Welt als ein zwar unendliches, aber in dieser Unendlichkeit abgeschlossenes System begreifen, können wir die Veränderungen im All verstehen - und der Erste Hauptsatz der Thermodynamik erhält seine universale Dimension.

'Der Erste Hauptsatz der Thermodynamik beschreibt die Energieerhaltung in thermodynamischen Systemen. Er sagt aus, dass die Energie eines abgeschlossenen Systems konstant ist.'

20. These:
Aus dem Universum kann nichts und niemand entkommen! Keine Energie! Nicht das kleinste Photon!

21. These:
Materiestrukturen reihen sich aneinander - vergehen, entstehen - endlos! Planlos! Wirr!

Aber in ihrer Grundstruktur sind sie immer gleich. Die Grundbausteine sind immer 'ja' und 'nein' 'ying' und 'yang' 'null' und 'eins'!

Man muss die Welt auf ihre grundlegenden Wahrheiten reduzieren. Die gelten im gesamten IST.
Die sind nicht irgendwo in einem ominösen 'Schwarzen Loch' beispielsweise anders, als auf der Erde. Sie sind immer gleich.

22. These:
Die Erde, so wie die Natur auf ihr, sind Produkte der All-überAll gleichen Materie.

Man muss nicht unbedingt die letzten Bausteine der Materie zweifelsfrei beschreiben und ausmessen können. Man muss auch nicht alle galaktischen Nebel und Wirbel mathematisch erfassen können...- man muss nur wissen, dass alles, was es im IST gibt, von der gleichen Bauart ist und gleichen Gesetzen unterliegt. Auch wenn man die Gesetze noch nicht bis ins Letzte erkannt hat.

ALBERT EINSTEIN: 'Raffiniert ist der Herrgott, aber nicht bösartig.'

Gemeint ist:
Sehr kompliziert sind die Materie und ihre Daseinsformen durchaus, aber sie sind nicht vorsätzlich codiert und unerkenntlich gemacht.

Was wir in den irdischen Dimensionen an der Materie beobachten können, würden wir überall an der Materie im Universum beobachten können, wenn wir denn wirklich auf Tuchfühlung an sie herankämen. Die Materie in irgendeinem Spiralnebel ist die gleiche, wie bei uns in Sachsen oder in Bayern.
Die Unterschiede entstehen durch die Beobachtungsungenauigkeiten. 'Schwarze Löcher', 'Urknall', 'Raumkrüm-

mungen', 'Wurmlöcher in der Zeitebene' und alle diese
Dinge sind nichts als Rechen und Messfehler.
Mathematische Steißgeburten!

Die Vorgänge, die wir im Universum beobachten, sind
von einer gigantischen Dimension und Komplexität, und
mit den deduktiven Methoden der Beobachtung nicht voll-
ständig zu erfassen. Was bei dem Zusammenstoß zweier
Galaxien abläuft, übersteigt unsere Vorstellungsmöglich-
keiten. Billionenfache Sonnenmassen prallen aufeinander.
Temperaturen von hunderten Millionen Grad. Da geschieht etwas, was sich niemand ausgedacht hat, was vielleicht zum ersten Mal so passiert (genau so), was nicht
messbar ist, nicht überblickbar, nicht strukturierbar, nicht
entschlüsselbar ist; was niemand verstehen kann, weil es
keinen Grund hat und keinen Zweck.
Unentwegt geschieht etwas, was für niemanden von Bedeutung ist. Das kann und muss man auch nicht unbedingt
in Formeln und Theorien abpacken und einfrieren.

Doch trotzdem - das Universum verhält sich 'logisch'.
Deswegen müssen alle Aussagen über das Universum und
seiner Bestandteile auch logisch sein.
Logisch bedeutet nicht etwas, was das Mensch erfunden
hat, sondern Logik ist das Grundprinzip der Materie, mit
der sie sich aus dem Chaos heraus bewegt, verändert und
Strukturen entwickelt.

Das Mensch hat der Materie die Logik abgelauscht.
Ihren Herzschlag!
Das Mensch ist schließlich selbst nichts als Materie.

Die Logik, mit der das Mensch seine Computer füttert,
die Software, basiert auf dem Grundprinzip der Mate-

rie ja / nein! Oder: Null und Eins! Genauso wie die Hardware.

Schon lange bevor man die Computer, oder die elektronischen Rechner, erfand, hatte man die Logik erkannt.
Die Formale Logik (ein kaum noch gelehrter Wissenschaftszweig) zeigt, dass sich alle Aussagen die es gibt, aus dem ja / nein Prinzip ergeben, bzw. auf dieses zurückführen lassen.

Die, die immer wieder betonen, dass man letzte Wahrheiten nie erfassen können, irren.

23. These:
Die letzte Wahrheit haben wir längst - sie lautet: Das IST ist!

Und das IST ist überall prinzipiell gleich.
Das ist die letzte Wahrheit, die einzige. Alles andere sind kleine Unterwahrheiten.
Aber auch diese so präzise wie möglich zu erfassen, bleibt durchaus wichtig, wenn allerdings hier und da Fragen offenbleiben, müssen wir nicht an der Erkennbarkeit der Welt an sich und an der Existenz einer letzten Wahrheit zweifeln.
Wichtig ist, endlich zu begreifen, dass wir die letzte große Wahrheit über die Welt schon lange kennen. Noch mal zur Festigung:
Das IST ist.

Oder anders gesagt: Das was ist, ist. Das Sein ist bereits eine Existenzweise des IST.

Es genügt, das Grundprinzip der wechselwirkenden Materie zu kennen, um zu endgültigen philosophischen Aussagen kommen zu können.

Zu allen Zeiten führten die Versuche der Denker, Dinge zu erklären, die man mangels geeigneter Beobachtungshilfsmittel noch nicht erkennen konnte, zu den ulkigsten Resultaten. Da sah man das Wirken von Geistern, Götzen und Göttern, dann gab es Unterwelten, Oberwelten, Himmel und Höllen und ewige Jagdgründe. Die Erde ruhte auf Elefanten, Schildkröten oder anderem Getier, welches stark genug erschien, die Erdscheibe zu schleppen. Heutzutage haben wir Zeitreisen, sich in andere Welten hinüber 'beamende' Helden und einen lieben Gott, der sich vor den Urknall platziert hat.

24. These:
Es gibt nicht den einen Urknall, es gibt unzählige Ereignisse im IST, die vielleicht einem Urknall ähneln.

Künstliche Intelligenz - 2024 - "ChatGPT" sagt:

Der Urknall ist ein wissenschaftliches Modell, das den Ursprung und die Entwicklung des Universums beschreibt. Laut diesem Modell begann das Universum vor etwa 13,8 Milliarden Jahren aus einem extrem dichten und heißen Zustand, dem sogenannten "Singularität", und hat sich seitdem ausgedehnt und abgekühlt. Hier sind die grundlegenden wissenschaftlichen Konzepte des Urknalls sowie seine philosophische Bedeutung:

Wissenschaftlicher Hintergrund des Urknalls

1. *Singularität: Der Urknall begann als ein Zustand unendlich hoher Dichte und Temperatur, eine Singularität, in der die Gesetze der Physik, wie wir sie kennen, nicht mehr gelten.*
2. *Expansion des Universums: Seit dem Urknall dehnt sich das Universum aus. Diese Expansion wurde erstmals durch die Beobachtungen von Edwin Hubble in den 1920er Jahren bestätigt, der feststellte, dass Galaxien sich von uns entfernen.*
3. *Kosmische Hintergrundstrahlung: Der Nachweis der kosmischen Mikrowellen-Hintergrundstrahlung (CMB) in den 1960er Jahren durch Arno Penzias und Robert Wilson lieferte starke Beweise für das Urknallmodell. Diese Strahlung ist ein Relikt aus der Frühphase des Universums, etwa 380.000 Jahre nach dem Urknall.*
4. *Elementhäufigkeit: Die Urknall-Nukleosynthese erklärt die relative Häufigkeit der leichten Elemente (Wasserstoff, Helium, Lithium) im Universum.*

Philosophische Bedeutung des Urknalls

1. *Ursprung und Schöpfung:*
   o *Der Urknall wirft grundlegende Fragen über den Ursprung des Universums auf. Warum gibt es überhaupt etwas und nicht vielmehr nichts? Was war "vor" dem Urknall, wenn überhaupt etwas sein konnte?*
   o *Diese Fragen führen zu Diskussionen über die Natur von Zeit und Raum. Im Urknallmodell entstehen Zeit und Raum selbst mit dem Urknall, was die Vorstel-*

lung herausfordert, dass es ein "Vorher"
gegeben haben könnte.

2. **Kontingenz und Notwendigkeit:**
   - *Der Urknall lenkt die Aufmerksamkeit auf die Kontingenz des Universums, d.h., dass das Universum so, wie es ist, nicht notwendig ist. Dies kann zu metaphysischen Fragen über die Gründe für die spezifischen Eigenschaften unseres Universums führen.*
   - *Einige Philosophen und Theologen argumentieren, dass die Kontingenz des Universums auf einen notwendigen Grund hindeutet, der selbst nicht kontingent ist, wie etwa Gott.*

3. **Teleologie und Feinabstimmung:**
   - *Die Feinabstimmung des Universums für die Existenz von Leben führt zu philosophischen Diskussionen über Teleologie (Zweckmäßigkeit). Warum sind die Naturkonstanten und physikalischen Gesetze so beschaffen, dass Leben möglich ist?*
   - *Der anthropische Prinzip besagt, dass die Beobachtungen des Universums zwangsläufig durch die Tatsache beeinflusst sind, dass wir als Beobachter existieren. Dies kann zu weiteren Spekulationen über das Multiversum führen, in dem viele Universen mit unterschiedlichen Eigenschaften existieren könnten.*

4. **Natur der Realität und der Wissenschaft:**
   - *Der Urknall stellt auch grundlegende Fragen über die Natur wissenschaftlicher Erkenntnis und die Grenzen unseres Wissens. Wissenschaftliche Theorien wie das*

Urknallmodell basieren auf Beobachtungen und mathematischen Modellen, aber es bleibt die Frage, inwieweit wir die ultimative Realität des Universums verstehen können.

o *Die Debatte über die Interpretation der Quantengravitation und die Vereinigung der Allgemeinen Relativitätstheorie mit der Quantenmechanik berührt tiefe philosophische Fragen über die Struktur und die Grundlagen der Wirklichkeit.*

5. ***Kosmologie und menschliches Verständnis:***

o *Die Erforschung des Urknalls zeigt die Fähigkeit des menschlichen Geistes, tiefgreifende und abstrakte Konzepte zu entwickeln und zu verstehen, die weit über das unmittelbare menschliche Erleben hinausgehen.*

o *Diese Erkenntnisse führen zu einer Erweiterung des menschlichen Horizonts und einer Neubewertung unserer Stellung im Universum.*

Zusammengefasst hat der Urknall nicht nur eine wissenschaftliche, sondern auch eine tiefgreifende philosophische Bedeutung. Er fordert unser Verständnis von Zeit, Raum, Ursache und Existenz heraus und wirft grundlegende Fragen über die Natur des Universums und unsere Fähigkeit, es zu begreifen, auf.

Weiter im Text:

Es sind also solche unzählige urknallähnliche Ereignisse, die immer wieder im IST neue Strukturen hervorrufen. Aber das sind keine imaginären Strukturen - im Sinne von verschiedenen Geschichten je nach Beobachterstatus (oder ähnlicher Unfug) -, sondern tatsächliche Strukturen, die nebeneinander existieren, werden und vergehen!

25. These:
All ist überall nur All. Es gibt kein Über-All und auch kein Unter- oder Neben-All!

Es steht fest:
Das, was wir von der Welt kennen, ist ein Teil des unendlichen ISTs. Und dieser kleine, überschaubare Teil funktioniert so, wie es überall im All funktioniert.

Die heutigen Erklärungsversuche - und wenn sie noch so kompliziert und wissenschaftlich erscheinen mögen -, alle diese mathematisch-physikalischen Konstrukte (auch die **HAWKING**schen), versuchen Dinge zu erklären, die es nicht gibt und nicht geben kann, weil sie den Grundprinzipien des IST widersprechen.

Alle Erklärungen müssen mit den Erfahrungen der Menschheit grundsätzlich übereinstimmen. Sobald man Erklärungen benötigt, die nicht vorstellbar, nicht den Erfahrungen entsprechen, müssen sie definitiv falsch sein.

Die Vorstellung von der Erde als Scheibe, die auf dem Rücken eines Elefanten ruhe, war nicht vorstellbar. Sie widersprach von Anfang an den Erfahrungen der Mensche. So große Elefanten konnte es nicht geben! Aber man sah einfach darüber hinweg. Lieber eine falsche Erklärung, als keine!

Ähnlich mit Gott - lieber eine falsche Erklärung, als keine!

Das Mensch und sein Hirn sind Produkte dieser Welt, dieser Materie. Sind also Produkte dieser in der Materie obwaltenden Grundprinzipien von Logik und Ordnung.
Das Mensch ist allein deshalb grundsätzlich in der Lage und dazu begabt, die Dinge der Welt zu erkennen und zu begreifen, weil es auf Basis dieser grundsätzlichen Dinge selbst funktioniert.
Das, was er nicht begreifen kann, nicht anfassen, nicht angreifen, muss trotzdem den begriffenen und auf der Hand liegenden Erkenntnissen entsprechen, weil es nur eine Welt mit in ihr fest verankerten und unabänderlich wirkenden Gesetzmäßigkeiten gibt.

Anthropisches Prinzip: '...das Universum müsse mehr oder weniger so sein, wie wir es sehen, denn wäre es anders, gäbe es niemand, der es beobachten könnte.' (**STEPHEN HAWKING** / 2001)

Und alle diese wunderschönen Modelle, Theorien oder Hypothesen, die es gibt, benötigen für ihre innere Stimmigkeit bestimmte Annahmen, bestimmte Konstanten und Faktoren, ohne die die schönsten Formeln nicht aufgehen würden.
Damit beispielsweise eines dieser modernen Weltmodelle, welches irgendwer in die Welt gesetzt hat, nicht 'explodiert', muss man beispielsweise eine 'Schwarze Materie' annehmen. Früher nannte man das wohl Äther. Es sind immer erst die so genannten 'Annahmen', die das theoretische Kraut fett machen, das die Welt-Modell zusammenhalten.

Die Formeln der Welterklärung werden übrigens auch oft von ihrer ästhetischen Seite beurteilt.
Sie müssen stimmig, rund, harmonisch und im Abgang würzig sein, dann empfindet sie der Physiker als 'schön'!

'In den grundlegenden Theorien mussten wir unsere Konzepte schon so oft ändern, dass wir jetzt nicht mehr fragen, ob eine Theorie die Wirklichkeit wiedergibt, sondern nur, ob sich aus ihr ein gutes mathematisches Modell der Beobachtungen ableiten lässt. Theorien mit mehr als vier Dimensionen erklären eine Reihe der beobachteten Eigenschaften des Universums sehr elegant...' (**STEPHEN HAWKING** / 2001)

In dieser sagen wir 'spekulativen Physik' wird der Eindruck erweckt, als seien im Universum Dinge möglich, die auf der Erde nicht vorkommen können.
Zeitreisen erscheinen möglich!
Wiedersehen mit der verstorbenen Verwandtschaft und was der unerfreulichen Dinge mehr sind. Blödsinn, Freunde!

Möglich werden die Spekulationen der Physiker durch die Messungenauigkeiten, die sich zwangsläufig ergeben, wenn man Erscheinungen des Mikro oder Makrokosmos erfassen will, was schließlich nur mit indirekten hoch komplizierten physikalischen Methoden möglich ist. Die zwangsläufigen Messungenauigkeiten lassen mathematische Interpretationen zu.

Kaffeesatzleserei ist dagegen eine seriöse Wissenschaft.

Immerhin - das sei positiv angemerkt - hat man in der Quantentheorie die 'Unschärferelation' erkannt, die besagt:

Je genauer man die Position eines Elementarteilchens bestimmen und messen will, desto ungenauer misst man seine Geschwindigkeit und umgekehrt.

Zugegeben sei natürlich auch, dass es sicherlich viel Spaß macht, sich solche Sachen wie Wurmlöcher in der Zeit auszudenken. Die Sciencefiction Schriftsteller sind für jede neue Anregung dankbar.

Alle Theorien über das IST, die Suche nach der Weltformel, scheitern übrigens bisher hauptsächlich am Problem der Zeit.

26. These:
Es gibt keine Zeit allgemein und ohne Vorbedingungen im IST.

Zeit kommt erst durch die Existenz sich entwickelnder stabiler Strukturen der Materie ins Spiel.
Siehe oben: IST + ZEIT = SEIN

Und SEIENDES kann es nur im SEIN geben.

SEIN ist eine sich entwickelnde Struktur der Materie. Ein aus dem Chaos hervorgegangene gerichtete Entwicklung einer Struktur mit einer zeitlichen Dimension.

Noch mal zum Mitdenken:
Das IST ist das ständig in Bewegung und Veränderung befindliche, ziellose und zwecklose Wabern von Materie - ein Chaos.
Erst mit einer Gerichtetheit der Bewegungen, mit einer Strukturen Bildung tritt die Dimension von Zeit hinzu.
Gerichtetheit der Bewegungen bedeutet: Bildung und Entwicklung von stabilen Strukturen!

Zeit gibt es für die Dauer und den Raum einer Strukturentwicklung.

Man könnte also bildlich sagen:

27. These:
Im IST gibt es Zeitinseln. Sie tauchen auf und gehen unter.

Jede Struktur, die sich bildet, muss sich irgendwann wieder in das allgemeine Chaos auflösen. Ob jemand die Möglichkeit nutzt, die Zeit zu messen, die die Strukturentwicklung bietet, ist nun wieder davon abhängig, ob es einen entsprechend begabten Beobachter gibt.
Kein Beobachter, kein Seiender - keine Zeitmessung!
Keine Zeit!

Das ist der subjektive Aspekt der Zeit.

Wen interessieren die Milliarden und Abermilliarden von Zeiteinheiten, die ohne Beobachter vergangen sind und vergehen? Sie sind eigentlich nicht existent, wenn sie nur als objektive Möglichkeit existieren.
Es gibt also Bereiche des IST, denen die Dimension der Zeit objektiv fehlt, weil die Bewegungen, Wechselwirkungen und sonstigen Machenschaften der Materie völlig ungerichtet und chaotisch sind. Es gibt zwar ein vorher und ein nachher, aber das ist eben ein bloßes 'sich bewegen'.

Die Materie befindet sich in ständiger Veränderung und Bewegung. Chaotische Zustände wechseln sich mit strukturierten Zuständen ab. Das 'Vorher' und das 'Nachher' bei bestimmten Ereignissen im Universum kann nicht mit 'äl-

64

ter' oder 'jünger', also mit einer zeitlichen Komponente etikettiert werden. Es gibt keine Richtungsorientierung. Das Vorher stellt keinen 'jüngeren' Zustand dar, als das Nachher. Vorher und Nachher sind gleichrangig. Es gibt keine allumfassende Zeit. Es gibt eben nur die oben so bezeichneten 'Zeitinseln'.

Zeit existiert nur so lange, solange eine relativ stabile Struktur existiert und sich von einem 'jüngeren' zu einem 'älteren' und schließlich sterbenden Zustand entwickelt. Und letztlich ist Zeit auch nur innerhalb dieser konkreten Struktur vorhanden. Legt man die Zeitschablone über andere Bereiche des IST, ergibt sich kein Sinn – kein SEIN!

Eine Unumkehrbarkeit der Richtungsorientierung von Ereignissen gilt nur für biologische oder für Ereignisse, die eine innere Ordnung reproduzieren.

Vor etwa 3,5 Milliarden Jahren gab es erste Spuren von Leben auf der Erde. Es handelte sich um bakterienartige Einzeller, die noch keinen Zellkern besaßen (die sogenannten Blaualgen). Sie spielten eine wichtige Rolle bei der Anreicherung der Atmosphäre mit Sauerstoff.

Das Hinausblicken mit der 'Zeitschablone' unserer konkreten biologischen Strukturen in andere Strukturen, das Übertragen der diskreten Strukturzeit auf andere Strukturen ist unzulässig und führt zu irrigen Vorstellungen von der Existenzweise der Materie.

Die Frage, ob die Materie, das Universum, das All endlich sind, ob es mehrere Universen gibt und andere Fragen, sollte man sich als Mensch eigentlich verkneifen. Man wird keine letzte rationale Antwort finden.
Die Materie ist - basta!

Vielleicht sollte sich das Mensch doch mit einem Gott zufriedengeben.

Dann hätte es Ruhe vor dieser beängstigenden Vorstellung von einem IST, welches kein Anfang und kein Ende hat. Weder räumlich noch zeitlich, weil es weder den beschränkten Raum, noch die allgemeine Zeit gibt.

Nochmal:
Aus dem Chaos der Materie hervorgehende, sich stabil entwickelnde Strukturen, haben eine objektive zeitliche Dimension einen Anfang und ein Ende. Ein 'Jünger' und ein 'Älter'. Aus dem IST wird ein SEIN.

Zeitmessung ist nur dort, wo eine sich selbst bewusstwerdende Materie, SEIENDES vorhanden ist und den Zyklus zwischen Entstehen und Vergehen begreift, misst und in konstante Zeitabschnitte unterteilt.

IST plus ZEIT = SEIN und SEIN ist die Möglichkeit für SEIENDES.

Und nur für SEIENDES hat ZEIT eine Bedeutung.

ZEIT = SEIN minus IST
IST = SEIN minus ZEIT

28. These:
Zeit - wie auch Temperatur - spielt für unstrukturierte, chaotische Materie keine Rolle.

Geschwindigkeiten und Beschleunigungen haben keine Wirkung auf Materie. Sie verändern nur deren Gefüge und Vermischungen.

Nur organisch-biologisches Leben kennt Entwicklungen, die sich unter bestimmten Rahmenbedingungen von einem Beginn (Geburt) bis zum Ende (Tod), wo sich die Möglichkeiten der Entwicklung erschöpft haben, vollziehen.
Aus milliardenfacher Erfahrung in der Menschheitsentstehung, erwächst die Erkenntnis, dass jegliches seine Zeit hat.
Zeit ist das, was strukturierte Systeme benötigen, um werden und vergehen zu können. Insofern ist die Zeit, also das, was das Mensch als Zeit erfahren hat, objektiv! Aber nicht universell!

29. These:
Leben ist eine lokale Wucherung der Materie. Zeit ebenso.

Die Wissenschaft muss aus ihren Berechnungen eines Weltmodells die Zeitkomponente entfernen.

Zeit und Geschwindigkeit sind zwei Seiten einer Medaille, die unser Verständnis und die Vorstellungen über das Universum und dessen Entwicklung wesentlich beeinflussen.
Die Fragen nach einer konstanten Zeit oder nach einer Grenzgeschwindigkeit sind zentrale Fragen in der Physik. Ausgehend von der Überzeugung, dass die Gesetzmäßigkeiten, die wir an den Dingen im irdischen Bereich erkennen können, im außerirdischen, also kosmischen oder auch mikrokosmischen Bereich gleichfalls gelten müssen, weil in der Materie nur ein einziges Grundprinzip obwaltet und herrscht, können bestimmte Resultate oder Interpretationen der physikalisch-mathematischen Theorien einfach nicht richtig sein.

Es kann keine Grenzgeschwindigkeit geben.

Die Zeit ist nicht relativ.

Raumkrümmung - der Begriff ist eine Mystifikation der Tatsache, dass große Materiemassen andere Materiepartikel in ihrer Bewegung mittels Gravitation beeinflussen können. Nicht der Raum ist gekrümmt, sondern die Masse krümmt die Bewegungsbahn anderer Materiekörper. Und auch Licht ist Materie.

Die bisherige wohl mehrheitlich anerkannte Prämisse lautet, dass das Licht eine Ausbreitungsgeschwindigkeit von rund 300 000 km/sec besitzt. Das heißt, wenn ich eine Lichtquelle zu einem bestimmten Zeitpunkt t = 0 einschalte, braucht das emittierte Licht bis zu einem Empfänger, der 300 000 km entfernt aufgestellt wurde, ungefähr 1 sec. Das wurde in Versuchen bestätigt. Ein Laserimpuls wurde zum Monde gesendet, dort von einem Spiegel reflektiert und auf der Erde wieder empfangen. Alle Versuche belegen, dass alle elektromagnetische Wellen sich mit Lichtgeschwindigkeit ausbreiten.
Aber es kommt auf den Bezugsrahmen an. Verlassen wir den **'EULER**schen Rahmen', lösen wir uns von dem Standpunkt Erde.
Versetzen wir uns - eine Art '**LAGANG**schen Rahmen' - auf einen Lichtstrahl, der an unserer Erde vorbei jagt. Wir sitzen auf dem Lichtstrahl und erwarten nun, dass die mit 'Lichtgeschwindigkeit' vorüberjagende Erde eine unendliche Masse besitzen muss, weil sie sich so schnell an uns vorüberbewegt. Das ist natürlich Blödsinn.
Die Masse der Erde würde sich nicht verändern. Das erscheint nur dem Beobachter so, weil er in seiner Beobachtung durch seine subjektiven Möglichkeiten eingeschränkt ist. Die wichtigste subjektive Einschränkung der Möglichkeiten der Mensche bei der Erforschung des Universums ist ihre objektive Gebundenheit an die Zeit.

Alle diese Gesetze ob die der Allgemeinen Relativitätstheorie oder die einer zukünftigen Quantengravitation
bergen eben den Fehler in sich, die Zeit als eine objektiv
existierende Größe und nicht als subjektive anzusehen.
Die berühmte **EINSTEIN**sche Formel e = m x c2, die besagt, dass die Masse eine Körpers unendlich groß werden
müsse, wenn er sich der Lichtgeschwindigkeit nähert,
stimmt nur für den menschlichen Beobachter. So erscheint
ihm das Verhältnis von Energie, Masse, Bewegung und
Zeit.
Der sich bewegenden Materiekörper - ob mit annähernder
Lichtgeschwindigkeit oder noch schneller - ist der Beobachter völlig gleichgültig. Er bewegt sich einfach.

Es gibt keine Zeit im IST. ZEIT existiert nur im SEIN.

Oder nehmen wir noch das Zwillingsproblem:
'In der Relativitätstheorie hat jeder Beobachter sein eigenes Zeitmaß. Das kann nun zum so genannten Zwillingsproblem führen:
Ein Zwilling A bricht zu einer Raumfahrt auf, in deren
Verlauf er fast Lichtgeschwindigkeit erreicht, während der
andere Zwilling B auf der Erde bleibt. Infolge der Bewegung des Raumschiffes verstreicht die Zeit in ihm langsamer als für den auf der Erde gebliebenen Bruder. Daher
stellt der Raumreisende bei seiner Rückkehr fest, dass sein
Bruder in höherem Maße als er selbst gealtert ist.
Obwohl es dem gesunden Menschenverstand zu widersprechen scheint, lassen zahlreiche Experimente darauf
schließen, dass in diesem Szenario der reisende Zwilling
tatsächlich jünger wäre als der daheim gebliebene.'
(**STEPHEN HAWKING**, 2001)

Aber was, wenn man einen dritten Bruder, als Beobachter, annimmt, der zur gleichen Zeit in gleicher Richtung wie Zwilling A startet, nur mit halber Geschwindigkeit?
Dieser Beobachter würde sich also immer auf halber Distanz zwischen den Zwillingen befinden und würde beide in gleichem Maß, in gleicher Relation beobachten und altern sehen, denn er bewegt sich zu beiden mit der gleichen relativen Geschwindigkeit.
Auch dann, wenn Zwilling A umkehrt, bleibt der Beobachter immer auf halber Distanz!
So bleiben die Zeiten, die bei den Zwillingen vergehen, aus der Beobachtersicht auch gleich.
Wenn alle drei sich wieder auf der Erde begegnen, müssen also alle drei gleichermaßen gealtert sein.

Ist die Relativitätstheorie also auch nur ein gut gemeinter Irrtum?

Oder - dass eine Lichtquelle, die sich sehr schnell bewegt und gleichzeitig rundum Licht emittiert, diese Emission so durchführt, dass das Licht in Bewegungsrichtung der Quelle langsamer emittiert wird, als das in der Gegenrichtung, damit es von einem außenstehenden Beobachter überall als gleichschnell gemessen werden kann. Das ist unmöglich!
Wer sagt der Lichtquelle, wie sie zu emittieren hat?
Und die Quelle müsste gleichzeitig das Licht 'nach hinten' mit Überlichtgeschwindigkeit senden können, damit der Beobachter wieder die konstante Lichtgeschwindigkeit messen könnte.
Ergo wenn die Ausbreitungsgeschwindigkeit des Lichtes in Bezug auf einen sich bewegenden Beobachter konstant sein soll, dann müsste die Quelle Licht mit unkonstanter Geschwindigkeit emittieren. Paradox!

Es könnte, wenn das wirklich so wäre, dann nur sein, dass die Ausbreitungsgeschwindigkeit des Lichtes nicht von der Quelle abhängt, sondern vom Medium, in welchem sich Licht ausbreitet.

Egal wie schnell sich die Quelle im Medium bewegt, sie erregt an jedem Punkt im Medium nur die vorhandenen schlafenden Lichtimpulse, weckte sie auf, die dann mit der ihnen eigenen Geschwindigkeit losmarschieren.

Das Medium (es gab Zeiten, da meinte man, es gäbe den so genannten Äther) könnte die Gravitation sein.

Das Gravitationsfeld, die Gravitationsfelder!

Die Lichtquelle löst im Feld der Gravitation - wie der Stein auf der Oberfläche eines Teiches - die Ausbreitung der Lichtwelle an. Da kommt es nicht auf die Intensität (auf die Geschwindigkeit oder die Energie) des Anregungsimpulses an, sondern nur darauf, dass der Impuls genügt, das Licht zu erwecken.

Die Lichtquelle ist dann also keine Quelle, sie bringt kein Licht hervor, sie regt nur an.

Ist Licht Gravitation im Ruhezustand?

Jetzt aber schnell Schluss! Nun bin ich selbst in Spekulation abgerutscht. Es ist eben wohl doch typisch menschlich, sich schnell etwas auszudenken, wenn es noch keine endgültige Antwort gibt.

Fest steht:

30. These:
Nicht der Raum, oder die Zeit sind gekrümmt, sondern unsere Messlatten, unsere Beobachtungsmöglichkeiten sind es!

Aber einen kleinen Denkspaß möchte ich mir doch noch gönnen:

Kann es Wiedergeburt geben?

Nun, wenn man die Welt so sieht, wie sie ist - so wie ich sie sehe!- besteht wegen der Unendlichkeiten in jeglicher Richtung - zeitlich (also ohne Anfang oder Ende) und räumlich - durchaus die Chance für eine Wiedergeburt eines materiell identischen ICH. Denn selbst wenn die Wahrscheinlichkeit einer Wiedergeburt gegen 'eins durch unendlich' geht, sie besteht eben objektiv doch.
Bei der grundsätzlichen Gleichheit des Aufbaus und den ewig gültigen Gesetzmäßigkeiten, unter denen sich die Materie entwickelt, kann alles, was abgelaufen ist und zur Bildung der Mensche geführt hat, identisch noch einmal genau so ablaufen. Es gibt nichts, was das grundsätzlich ausschließen kann!
Die Wahrscheinlichkeit ist wie gesagt allerdings nur so gering - auch wenn unendlich viel 'zeitlose' Materie existiert, also unendlich viele Möglichkeiten 'zum Würfeln' vorhanden sind - dass sie nicht wirklich vorhanden ist.
Und außerdem - und leider! -, wenn es denn doch irgendwann und irgendwo zu einer identischen Entwicklung käme, würden wir davon keinerlei Kenntnis haben können.
Selbst wenn so etwas wie die Menschheit gleichzeitig in mehreren Ecken des IST existieren würde... wir können das nicht erfahren. Außer wir begegnen uns von Angesicht zu Angesicht. Wir uns, ich mich!
Es gibt nichts, was das grundsätzlich ausschließen kann!
Die Chance, mehrfach zu existieren, besteht.
Aber es kann niemals ein zweites ICH geben. Weil das ICH nicht nur die materielle, sondern die soziale Komponente besitzt.

Auch der absolut materiell identische Zwilling ist immer ein anderes ICH.
Also, streichen wir die Hoffnung auf Wiedergeburt!
Und wenn wir wiedergeboren werden sollten, sind wir trotzdem jemand ganz anderes. Produkt sozialer Kommunikation!
Wir werden uns an unsere Zwillinge nicht erinnern können.

31. These:
Was einmal entstanden ist im IST, kann rein materiell immer wieder entstehen! Auch wenn das absolut Unwahrscheinlich ist.
Ein ICH aber ist einmalig.

Zur Ergänzung:
(Dialog SWR 'Grenzen der physikalischen Welterkenntnis' **HARALD LESCH, ERNSTPETER FISCHER** / 9.4.2007 / Jokers Edition)
LESCH: 'Bei KANT gibt es den Hinweis, dass wir nicht in Raum und Zeit sind, sondern dass Raum und Zeit in uns sind die Grundmuster für unsere Wahrnehmung der Welt sind...
Ich glaube nämlich auch, dass die Welt mit dem Urknall wieder so aussieht wie die Welt bei ARISTOTELES, denn wenn wir die übliche Darstellung machen, dass wir jetzt in diesem Punkt hier sind und die zeitliche Entwicklung der Welt zeigen, dann ist das kugelförmig. Da kommen wir aus dieser Phase, und dann ist jene Phase und hintenrum zum Schluss ist dann das eine Ganze, das ist nur noch dunkel... und das war früher schon dunkel... und man nannte es Jenseits, jetzt nennt man es Urknall.'
FISCHER: 'Der Urknall ist ja nichts anderes als unsere Hilflosigkeit. Weil wir nicht wissen, was da war. Und

wenn wir sagen, dass der Urknall war, dann steigt in allen Köpfen die Frage auf: Und was war vorher?

Und wenn wir sagen, das Universum expandiert, dann fragen alle, wohinein es expandiert.

Kosmologie ist Innenarchitektur. Wir können nur beschreiben, was innerhalb des Universums ist, mehr können wir nicht sagen. Und somit bleibt immer der Zweifel.'

.....

LESCH: 'Glauben Sie, dass man irgendwann zu dieser großen Gemeinschaftstheorie kommen könnte, einer Theorie, die die Relativitäts und die Quantentheorie in sich aufhebt? Oder befürchten Sie das?'

FISCHER: 'Ja, ich habe mir schon manchmal vorgestellt, irgendwer findet die große Theorie so samstagabends, erklärt sie dann am Sonntag seiner Frau , aber was macht der dann am Montag?

Nein, natürlich haben wir das Ziel, diese große vereinigte Theorie hinzubekommen, aber das größte Problem erscheint mir zu sein, dass diese großen Theorien immer schwieriger und immer schwerer zu überprüfen sind. Also das, wovon die Naturwissenschaften leben, dass man da was hat, eine Theorie und die muss eine Prognosemöglichkeit haben und wenn die Prognose durch Experimente bestätigt wird, dann ist die Theorie richtig. Aber um die Theorien des Kosmos und der Materiekonstellationen im Experiment bestätigen zu können, um an den Anfang der Welt zu kommen, brauchte man Beschleuniger von der Größe der Milchstraße.

Die Physik ist in Bereich vorgestoßen, die zwar sehr interessant, aber nicht mehr relevant sind.

...

Es könnte sein, dass die Suche nach den großen Theorien schlicht und ergreifend eine Sackgasse ist; dass man zurückmuss und sich anschauen muss, was ist denn wirklich um uns herum. Denn wenn man keine

Experimente mehr machen kann, bzw. wenn Physiker anfangen Aussagen zu machen, wie das Universum vor dem Urknall gewesen ist, dann wende ich mich mit Grauen ab und möchte davon nichts mehr wissen.'

IV - FREIHEIT oder KULTUR

Bereits die allerersten Mensche, als sie sich als solche in sozialen Gruppen - und zugleich in deren Folge - vor einigen hunderttausend Jahren herauszubilden begannen, unterlagen dem fatalen Irrtum, sie seien etwas Höheres, zumindest etwas ganz anderes als die Tiere. Mythen, Religionen und Philosophien wurden entwickelt, um den Platz der Mensche außerhalb der Natur zu bestimmen. Das frühe Mensch war sich seiner Verwandtschaft zum Tier ganz und gar nicht bewusst. Es nannte sich daher Mensch. Das ist die größte Utopie der Menschheit geblieben.

Aber nicht nur die Herkunft der Menschheit aus dem Tierreich war den frühen Menschen nicht bewusst und stand außerhalb jeder Vorstellungsmöglichkeit, ebenso undenkbar war, dass das einzelne Mensch nach dem Tod einfach nicht mehr existiert.
Der Gewissheit eines Lebens nach dem Tod haben wir nicht nur die Pyramiden von Giseh zu verdanken.

Jedoch:
Das Mensch ist eine Entwicklungslinie des Tierreiches.
Das Mensch zeichnet sich in wachsendem Maß durch den hohen Grad seiner sozialen Bindungen und durch die damit verbundene Kultur gegenüber anderen Tierarten aus.
Es ist dadurch den anderen Tieren überlegen. Es gleicht - einen vielleicht vorhandenen - Mangel an körperlicher Ausstattung durch soziale Strukturen und kulturelle Bindungen aus.

Das Mensch ist 'the fittest'!

Man kennt die Aussprüche:
Seit ich die Menschen kenne, liebe ich die Tiere!

Der Mensch ist schlimmer als das Tier.
Der Mensch ist ein gezähmtes Tier.

In diesen Äußerungen manifestiert sich die fundamentale
Überzeugung neuzeitlicher Mensche, dass sich das
Mensch anders verhalten müsste - und verhalten könnte! -
als das Tier. Man setzt voraus, dass das häufig 'unmensch-
liches Verhalten' der Mensche Ausrutscher sind, bzw.
Rückfälle in tierische Urzustände - kritikwürdig! Verab-
scheuungswürdig!

**Nein, das so genannte 'unmenschliche Verhalten' ist
der natürliche Normalfall.**

32. These:
**Das Mensch ist immer Tier gewesen und wird es blei-
ben!**

Sprich:
Das Mensch ist in absoluter Abhängigkeit von seiner Natur in den Kreislauf des Fressen und Gefressen Werdens
eingebunden. Unentrinnbar!

33. These:
**Wenn das Mensch handelt, wie es bis heute handelt -
zeugt, baut, denkt, philosophiert, mordet, Krieg führt,
vernichtet... - dann handelt es absolut artgerecht.**

Das Mensch ist also kein gezähmtes Tier, wie
SIEGMUND FREUD meint.
Damit es mit anderen Menschen leben kann, müssen die
Instinkte mitnichten gebremst, gedämpft, verschoben sub-
limiert werden!
Die Kulturen erfinden keine moralischen Regeln. Die Re-
geln entstehen aus dem Kampf ums Überleben.

In der Zivilisation kommt es dann zu solchen ganz und gar abartigen Geboten: 'Liebe deinen Nächsten!'

Das Gewissen nun, welches die Kontrolle über die Einhaltung kultureller Regeln durchzuführen hat, wird nicht erfunden.

Das Gewissen ist der bewusstwerdende Widerspruch zwischen individuellem Freiheitsrecht und der Notwendigkeit einer sozialen Einordnung.

Die nicht bösen, sondern durch und durch natürlichen alten starken und aggressiven Triebe können und dürfen nicht ausgerottet werden. Sie werden nicht von den künstlichen Regeln des 'ÜberIchs' übertüncht, sondern sie werden den natürlichen Notwendigkeiten der Selbsterhaltungspflicht unterworfen.

An der Tafel des großen Fressens und Gefressen Werdens versucht das Mensch der Stärkste zu sein, so wie es alle anderen Mitfresser auch versuchen. Die soziale Organisation und die intellektuellen Fähigkeiten sind ihm dabei willkommene Hilfsmittel.
Belebte Materie unterliegt in ihrer Bewegung einem Grundprinzip, welches auch das Mensch nicht umgehen kann.

Finden wir uns endlich nach reichlich fünftausend Jahren Zivilisation damit ab, dass das Mensch ein Tier ist, ein Naturwesen. Ohne wenn und aber!
Und alles was es tut, das Mensch, entspricht den Regeln der Evolution, die es nicht gibt. Man erkennt nur später, was regulär war, oder nicht.

Wenn das Mensch etwas tut, was ihm selbst die Existenz-grundlage entzieht, dann stirbt es eben aus. Dann macht es Platz für eine andere Art. Das ist so in der Natur. Das ist nicht planbar.

Die Frage, ob sich die genetischen Kapazitäten der Mensche irgendwann sowieso automatisch erschöpfen wird, so wie es anderen Tierarten bereits erging, die eben ausstarben, weil sie nicht mehr am Überlebenskampf teilzunehmen vermochten, ist dabei eine andere Problematik. Gelegentlich hört man von rund 200.000 Jahren, die die Menschheit noch vor sich hätte, bis sie ausstirbt.

Oder könnte man wirklich die Fähigkeit der Mensche zur Selbstreflektion - sprich: Denken zu können! -, als eine Chance betrachten, dem genetischen oder dem evolutionärem Tod zu entgehen?
Als die Chance zur Flucht aus der Natur?

Kann sich das Mensch mittels des Intellektes aus der Evolution ausklinken?

Und schon wieder glimmt auch bei mir die Hoffnung auf, dass die Menschheit dazu 'berufen' sein könnte, die Natur zu überwinden, aus der Evolution auszusteigen und unsterblich zu werden.

Blödsinn!

Ja, diese Hoffnung ist ebenso blödsinnig, wie die Hoffnung auf einen Gott.

Wenn man allen Tatsachen, die bisher erkannt sind, ins Auge schaut, gibt es für Gott ebenso wenig Platz, wie für die Hoffnung, dass das Mensch seine Natur verleugnen und überwinden könnte.

Das oberste Prinzip der Natur lautet - man kann es nicht oft genug konstatieren:

Friss, was dich nicht frisst, und vermehre dich eifrig!

Das ist der Motor der Evolution.

Steckbrief:
Gesucht wird ein gewisser 'Gott'.
Schuf die Welt - ein Chaos!
Schuf die Tiere - dumm und gefräßig!
Schuf die Mensche - herzlos und mordlustig!
Für die Ergreifung dieses perversen Arschloches werden 5 Silberlinge ausgesetzt!

34. These:
Das Grundprinzip der Natur umfasst nicht nur das Recht des Stärkeren, sondern auch die Pflicht des Stärkeren!

Übrigens - In absoluter Freiheit lebt ein Individuum dann, wenn es ganz nach seiner ureigensten Natur (nach dem Prinzip seiner Natur) ohne Beschränkung und Rücksicht auf andere leben und handeln kann.

35. These:
Leben und Handeln nur nach dem evolutionären Naturprinzip ohne Rücksicht auf Interessen anderer Individuen - das wäre absolute Freiheit.

Wenn der Starke sein Recht, die Schwächeren zu fressen und die Weibchen der anderen zu schwängern, ohne

Zwang nicht wahrnimmt; und somit seine evolutionäre Pflicht, seine Gene an möglichst viele Nachkommen weiterzugeben, nicht erfüllt, dann handelt er vielleicht frei, aber gegen sein inneres Wesen - also frei unfrei!

Aber:
Was kann solch unfreies Handeln, ein Handeln entgegen der 'Vorschrift' der Evolution, bewirken?
Schafft der Verzicht auf absolute Freiheit die Möglichkeit zur Sozialisierung?

Alle Lebewesen, die im Verlauf der Evolution gelernt haben, in Gruppen zu leben, mussten lernen, dass man, wenn man in der Gruppe leben will, nicht alle Freiheiten ausleben kann, weil das die Gruppe zerstören würde.
Diese Erfahrungen, sich selbst im Interesse der Gruppe disziplinieren zu müssen, müssen immer wieder aufs Neue gemacht werden.
Die Weitergabe dieser Erfahrungen erfolgt auch in den heutigen Tiergruppen durch Erziehung. Soziale Erfahrungen sind nicht genetisch (oder nur sehr geringfügig) codiert.

Das, was sich als Regelwerk für individuelles Verhalten in sozialen Gruppen als verbindlich für alle herausbildet - in Jahrtausenden! -, das nennt man Kultur.

Künstliche Intelligenz - 2024 - "ChatGPT" - sagt:

Der Begriff "Kultur" ist vielschichtig und kann aus verschiedenen Perspektiven betrachtet werden. Hier sind einige gängige Definitionen und Aspekte von Kultur:

1. **Anthropologische Definition**: *In der Anthropologie wird Kultur oft als das komplexe Ganze definiert, das Wissen, Glauben, Kunst, Moral, Recht, Bräuche und andere Fähigkeiten und Gewohnheiten umfasst, die der Mensch als Mitglied der Gesellschaft erworben hat. Diese Definition geht auf Edward B. Tylor zurück.*

2. **Soziologische Definition**: *Kultur wird in der Soziologie häufig als die Gesamtheit der materiellen und immateriellen Güter einer Gesellschaft verstanden, einschließlich ihrer sozialen Normen, Werte, Glaubenssysteme, Sprache und Symbolik. Sie beeinflusst das Verhalten und die Einstellungen der Mitglieder der Gesellschaft.*

3. **Kulturelle Praxis**: *Kultur kann auch als die Praxis betrachtet werden, durch die Gemeinschaften und Individuen ihre Identität und Werte ausdrücken und aufrechterhalten. Dies umfasst Rituale, Traditionen, Feste und alltägliche Gewohnheiten.*

4. **Materielle und immaterielle Kultur**: *Materielle Kultur bezieht sich auf die physischen Objekte und Artefakte, die von einer Gesellschaft geschaffen und genutzt werden, während immaterielle Kultur die nicht greifbaren Aspekte wie Traditionen, Sprache, und soziale Normen umfasst.*

5. **Kulturelle Vielfalt**: *Kultur ist dynamisch und vielfältig und variiert zwischen verschiedenen Gruppen und Gesellschaften. Sie wird durch Interaktionen und Austauschprozesse ständig verändert und weiterentwickelt.*

6. **Kulturelle Identität**: *Kultur spielt eine zentrale Rolle bei der Formung der Identität von Individuen und Gruppen. Sie bietet ein Zugehörigkeitsgefühl und Orientierung in der Welt.*

7. *Hochkultur und Populärkultur: Hochkultur bezieht sich auf kulturelle Ausdrucksformen, die oft mit Bildung, Kunst und intellektuellen Bestrebungen assoziiert werden, während Populärkultur die alltäglichen kulturellen Phänomene umfasst, die breite Anerkennung und Akzeptanz finden.*

Diese verschiedenen Perspektiven zeigen, dass Kultur ein umfassendes und tiefgehendes Konzept ist, das viele Facetten des menschlichen Lebens und Zusammenlebens berührt.

Kultur ist also eine evolutionäre Strategie zur Stärkung des Zusammenhaltes der sozialen Gruppierung.

36. These:
Kultur ist das partielle Außerkraftsetzen des evolutionären Naturprinzips innerhalb von sozialen Gruppierungen, damit das evolutionäre Naturprinzip auf höherer Ebene gegenüber anderen Gruppen desto mächtiger wirken kann.

Die Kultur schränkt die Ausübung von Rechten und Pflichten der Individuen, also den Kampf der Individuen 'jeder gegen jeden', auf ein Maß ein, dass es zum friedlichen Zusammenleben von Individuen in einer Gruppe kommen kann. Ein Teil der Rechte und Pflichten des Individuums werden an die Gruppenführung delegiert.

Kultur ist das Regelwerk, das die Individuen vereint und zu verstärkter Machtausübung nach außen gegen andere Gruppen befähigt.

Soziale Strukturen inklusive Kultur entstehen dann, wenn das Individuum seine egoistischen Ziele nicht mehr allein verwirklichen kann.

37. These:
Kultur ist Einschränkung der individuellen Freiheit zugunsten einer kollektiven Macht mit dem Zweck, die egoistischen Bedürfnisse besser gegen äußere Feinde verteidigen zu können.

Kultur ist die Gesamtheit aller geschriebenen und ungeschriebenen Vorschriften, Regeln, Sitten, Rituale, Gesetze, Götterglauben, Tabus, die in einer Gruppe allgemeine Gültigkeit und Anerkennung besitzen. Zur Kultur einer Gruppe gehören auch die politischen Strukturen, die Form der Hierarchie, die Art und Weise der Mitbestimmung der Individuen an den Entscheidungen, die die Gruppe betreffen.
Die Kultur bestimmt auch, was schön ist, was edel ist, was gut ist, was heldenhaft ist, was man tun darf... etc. dazu natürlich noch die jeweiligen Umkehrungen nicht schön, nicht gut... etc..

38. These:
Das objektiv Schöne, das objektiv Gute, das objektiv Edle... etc. gibt es nicht!

Jede Kultur bringt ihre eigenen Ideale hervor. Kulturen können ähnliche Ideale haben, aber nie gleiche. Dann wären sie einfach keine unterschiedlichen Kulturen, sondern ein und dieselbe Kultur.
Zur Kultur gehören selbstverständlich auch die Regeln, die die sexuellen Triebe der Mensche steuern und einschränken. Sie sind der Kern jeder Kultur.

Bleibt zu fragen:
Inwieweit kann also nun die Interaktion in der Gruppe für das Individuum - gleichgültig, ob weiblich oder männlich - eine befriedigende, Glück bringende Angelegenheit sein?
Der Verzicht auf einen Teil von individueller Freiheit ist einem Individuum, das auf die Kultur der jeweiligen Gesellschaft hin erzogenen wurde, keine so schwierige Aufgabe.

Das Einfügen in die Kultur der Gesellschaft fällt nur jenen schwer, die nicht in Bezug auf die herrschende Kultur - oder sogar oppositionell - erzogen wurden.

Letzteres ist in den frühen Kulturen der Menschheit beinahe undenkbar. Bewusstes zuwiderhandeln gegen die herrschende Kultur war Selbstmord.

39. These:
Erfolg - und damit Glück - findet das Individuum nur in der Arbeit für die Gruppe. Es erhält - je mehr es für die Interessen der Erhaltung der Gruppe leistet - materielle und moralische Anerkennung.

DANIEL GILBERT, Prof. für Psychologie / Cambridge, Massachusetts/ 2006, Interview in 'Spiegel':
'Glück ist die Methode des Gehirns, zu signalisieren: Du hast etwas Richtiges getan! Alles, was uns glücklich macht, erhöht die Aussicht auf Überleben! Fett, Salz, Zucker, Sex sind die größten Glücksbringer der Welt.'

Wenn also dieses Tätigsein im Interesse der Gruppe für das Individuum nicht zermürbend ist, wenn ihm die Arbeit Spaß macht, wenn es sich in seiner Arbeit mit seinen Fähigkeiten und Talenten eben verwirklichen kann (Belohnung erhält), dann kann man wohl davon sprechen, dass das Individuum innerhalb der Gesellschaft bzw. der jeweiligen Gruppe Glück und Befriedigung findet.

Der Privatbereich, die Familie, ist die kleinste Gruppe und kann ebenfalls Glücksmomente liefern.

Aber auch im privaten Bereich steht die Forderung nach Einschränkung der individuellen Freiheit zugunsten einer gemeinschaftlichen Kultur, die man in der Familie - eben im Unterschied zu anderen Familien - pflegt.
Die Anpassung an eine Kultur der Familie - Regeln, Überzeugungen, Rituale etc. - bedeutet ebenfalls eine Delegierung der individuellen Freiheiten an ein Familienoberhaupt, welches hauptsächlich für den Erhalt der Familie und deren Kultur verantwortlich zeichnet. Bis hin zur Blutrache!

Die Rolle der Mutter in den Familien ist diesbezüglich sehr interessant. Oft genug scheint die Mutter der Innenminister und die Polizei innerhalb einer Familie zu sein. Der Mann oft eher der Außenminister und die Armee.

Mann und Frau treten sich während der Phase der Aufzucht der Nachkommen gegenseitig bestimmte Freiheitsbereiche ab.

Zur Kultur der Zivilisation (vielleicht auch zu früheren Kulturen) gehört augenscheinlich eine gewisse ungleiche Verteilung von Freiheiten und Zwängen zwischen Mann und Frau. Wenn von der Dominanz der Männer in der heutigen Welt gesprochen wird, dann mag das so sein, aber es resultiert nicht aus dem bösen Willen der Männer, sondern es hat sich einfach so aus den Notwendigkeiten, eine starke Familie haben zu müssen, ergeben. Es ist die resultierende Tendenz aus Milliarden von Einzelbewegungen.

40. These:
Auch Mann und Frau sind und bleiben letztlich rivalisierende Individuen, die sich einzig aus Gründen der Vermehrung zeitweise zusammenschließen.

Aus der biologischen Funktion der Frau, Kinder bekommen zu müssen, ergeben sich unterschiedliche Aufgaben und Strategien beim Fortpflanzungs- und Fressverhalten, ergo bei der Weitergabe der Gene.
Das männliche Individuum versucht seine Gene zu streuen, also möglichst viele weibliche Individuen zu befruchten. Aber er selektiert auch.
Weibliche Individuen, die keine guten Gene signalisieren, locken ihn nicht, machen ihn nicht befruchtungswillig, machen ihn nicht geil.

Die Gebärfähigkeit der weiblichen Individuen ist begrenzt. Erstens durch die Dauer der Schwangerschaften, aber auch durch das Maß der körperlichen Belastungen durch Schwangerschaft und Aufzucht.

Ein wichtiges Prinzip der Paarungskultur ist in allen frühen Kulturen der Menschheit (wie auch im Tierreich) , dass die Frau sich einen Sexualpartner wählt, der durch Stärke und Vitalität hervorsticht.

Wenn die Frau von jedem Kretin geschwängert werden kann, ist sie mit dem Austragen von Kretins zu sehr beschäftigt, was sich auch negativ auf die Stärke der Gruppe auswirkt. Nymphomaninnen werden deshalb in allen Kulturen negativ bewertet und gelten als 'Schlampen'.

In den Jahrhunderten der Zivilisation wurde das 'Wahlrecht' der Frau teilweise gänzlich beschnitten. Oft genug waren Frauen gezwungen, aus rein ökonomischen Zwängen heraus, einen Sexualpartner zu akzeptieren und schwächliche Nachkommen auf die Welt zu bringen. Gegenwärtig erleben wir eine gewisse Befreiung der Frau. Ohne ökonomische Zwänge entscheidet sich die Frau wieder stärker unbewusst für die genetisch besten Männer. Für die Attraktivsten!

Die Signale bezüglich der genetischen Qualität der Partner empfangen Männer und Frauen seit Jahrtausenden über die so genannten Äußerlichkeiten, die über die Seele und den Charakter nichts (oder nur wenig) sagen.

Der Dominanz der Äußerlichkeit bei der Auswahl der Sexualpartner konnte sich bisher noch kein Mensch entziehen.

Die Signalsysteme wirken über das Unterbewusstsein. Sie rekrutieren sich aus den Erfahrungen von Millionen Jahre der biologischen Entwicklung.
Allerdings werden sie - seit es in der Natur soziale Bindungen gibt - auch durch soziale Erfahrungen flankiert. Männer wie Frauen müssen in ihrer Erscheinung auch signalisieren, dass sie den sozialen bzw. den familiären Pflichten nachkommen können. Männer müssen beschützen können, müssen Nahrung beschaffen können.
Frauen müssen Kinder ernähren können, stillen können, im Sinne der herrschenden Kultur erziehen können, und die natürliche Geilheit des Mannes auf sich konzentrieren können, zumindest bis der Nachwuchs flügge ist.

41. These:

Der Kampf der Männer gegen die Frauen... oder umgekehrt - der Kampf der Frauen gegen die Männer... - also, das Ringen um einen Machtvorteil, ist auch eine Komponente der Evolution. Es geht um gesunden und starken Nachwuchs.

Eine Verschärfung des Mann-Frau-Kampfes ergab sich in direkter Weise aus einer evolutionären Entwicklung bei den Menschen - dem aufrechten Gang!

Das Geschlechtsorgan der Frau, welches über Jahrmillionen dazu diente, durch periodisches Aussenden von Gerüchen das Männchen zwecks Paarung anzulocken, verschwand!
Es versteckte sich nun zwischen den Schenkeln der Frau.
Aus der periodischen Lockung wurde die Verlockung an sich.

Die Frau erhielt eine zusätzliche virtuelle Macht. Es entstanden die sexuellen Phantasien des Mannes, es entstand die Erotik!

Die Gier des Mannes nach der Entdeckung und Enthüllung des weiblichen Geschlechtes führte einerseits zu einem Machtvorteil der Frau über den Mann, zum anderen zu den bekannten Versuchen der Männer, die Frauen mit realer Macht zu unterdrücken, damit sie ihre virtuelle erotische Macht nicht ausüben können.

Jede Kultur entwickelt diesbezüglich eigene Strategien - von der klitoralen Beschneidung, über Hexenverbrennung bis zur Ehe.

Letztlich erscheint das Verschwinden des weiblichen Geschlechtes wieder als eine strategische Entscheidung in der Evolution. Was sie natürlich nicht ist.
Aber Tatsache ist, dass durch die zusätzliche Entflammung der männlichen Phantasie das Paarungsbegehren des Mannes erheblich gesteigert wurde.
War bisher das weibliche Wesen gezwungen, die Männchen zu locken mit allerlei Tricks, so hatte das aufrecht gehende weibliche Wesen jetzt den unschätzbaren Vorteil, das Objekt permanenter Begierde zu sein.
Beginnt damit das Matriarchat?

Fakt ist:
Das Maß der Unterdrückung der Frau in der patriarchalischen Welt ist in den jeweiligen Kulturen sehr unterschiedlich ausgeprägt.

Anderseits ist die Frage noch offen, ob nicht die Summe der Zwänge, denen der Mann innerhalb diverser Gruppen ausgesetzt ist, doch größer ist, als die, denen die Frau ausgesetzt ist.

Bedenken wir die Ausgangssituation - nämlich die Rechte und Pflichten der Individuen zur Erhaltung der Art, das Gesetz der Evolution!
Vielleicht muss die Frau weniger an individueller Freiheit an die Gruppe abtreten, als der Mann?

Der Mann ist durch seine biologische Bestimmung stärker gezwungen, in der Gruppe zu agieren. Muss den gemeinschaftlichen Aufgabe der Gruppe dienen, auch beispielsweise als Soldat oder als Manager, während die Frau doch mehrheitlich in der bisherigen Geschichte des Zivilisation die Aufgabe der Aufzucht der Nachkommen innerhalb der Familien zu erfüllen hatte.

Diese Arbeitsteilung zwischen Frau und Mann ist objektiv biologisch determiniert!

Der Mann also ist wegen seiner biologischen Funktion stärker gezwungen, seine individuellen Freiheiten der Kultur der Gruppe zu unterwerfen. Männer müssen schuften, unter Tage, über Tage, müssen knallhart sein in der Konkurrenz mit anderen. Müssen dauernd irgendwie kämpfen. Müssen siegen!

Männer müssen Helden sein. Von Frauen wird Heldentum nicht erwartet.

ALICE SCHWARZER: 'Frauen sind nicht etwa die besseren Menschen, sie hatten nur bisher nicht soviel Gelegenheiten, sich die Hände schmutzig zu machen.'

Die Frau agiert sozusagen erst in zweiter Schusslinie. Daraus ergeben sich übrigens typische Verhaltensweisen. Frauen scheinen mehr 'Gutmensch' zu sein, als Männer. Frauen müssen nicht soviel kämpfen und töten - egal an welcher Front. Wenn man also über Gleichberechtigung spricht, müssen die Pflichten beachtet werden, die beide für die Erhaltung der Art zu erfüllen haben.

42. These:
Es wird keine Emanzipation der Frau geben können, ohne eine parallele Emanzipation des Mannes.

Oder wollen wir doch gleich mal über Sozialismus reden?

Nein, bleiben wir bei den bisherigen Gegebenheiten. Frauen müssen überwiegend einen Teil ihrer individuellen Freiheit dem Mann opfern. Das war bisher immer so.

Oder findet doch ein Ausgleich statt?

Man könnte vielleicht sagen - je mehr der Mann in seiner Interaktion mit der Gesellschaft gezwungen ist, seine individuellen Freiheiten zu opfern, desto stärker wird er sie bei seiner Frau einklagen.

Das heißt dann aber auch:
Je stärker die Frau in das öffentliche Leben der Gesellschaft durch Berufstätigkeit integriert ist, desto geringer wird der Unterschied zwischen den 'Freiheitsopfern', die beide der Gesellschaft darbringen. Die Frau wird nicht mehr bereit sein, dem Mann die Freiheitsdefizite, die er durch seine Einordnung in die Gesellschaft erleidet, auszugleichen.
Die Frau erleidet ja dann ähnliche Freiheitsdefizite!
Aber je stärker die Frau in das Leben und Kämpfen der Gruppe integriert ist, je mehr sie Rechte und Pflichten der größeren Gruppe teilt, desto größer ist auch die Chance für die Frau, gleiche Erfolge und gesellschaftliche Anerkennung zu erzielen, wie der Mann - sprich, glücklich zu sein.

In jeder Kultur ist das Verhältnis von Mann und Frau sehr verschieden.

Aber nochmal eine Grundfrage:
Und was eigentlich prägt den Charakter der Kulturen?
Und was eben auch das Verhältnis von männlichen und weiblichen Menschen?
Wodurch wird bestimmt, in welcher Gruppe sich welche Kultur entwickelt?

Es ist die herrschende Art und Weise der Existenzsicherung der Gruppe, die den Charakter der Kultur bestimmt. Jagt man viel, oder hat man Sklaven, oder treibt man Ackerbau, oder besitzt man Technik, oder führt man Kriege... welche Tätigkeiten stehen im Mittelpunkt? Wie wird der Lebensunterhalt produziert?

43. These:
Die Produktionsweise bestimmt den Charakter der Kultur!

Aber nicht jede Kultur, die sich entwickelt hat, versteht es, die vorhandene Produktionsweise optimal zu lenken und zu leiten - sich anzupassen! Einerseits gibt es Kulturen, die haben sich über die ganze Welt ausgebreitet; haben sich in die verschiedensten Länder mit unterschiedlichem Stand der Produktionsweise eingefügt und waren überall erfolgreicher als andere (Christentum!). Anderseits gibt es Kulturen, die in ihren Regeln erstarrt sind und die, den sich entwickelnden Produktionsweisen, nicht folgen konnten und können. Die werden früher oder später untergehen (Islam?).

SIEGFRIED KOHLHAMMER 'Kulturelle Grundlagen wirtschaftlichen Erfolgs' (Merkur, 07/1026): 'Es gibt anscheinend Kulturen und Kulturkreise, die schlechtere oder günstigere Voraussetzungen für wirtschaftliche Entwicklung... bieten. Die eingangs unter wirtschaftlichen Gesichtspunkten skizzierten Einheiten wie 'afrikanische' oder 'islamische Länder' entsprechen zugleich ungefähr den Grenzen der Weltkulturen... Deutliche Unterschiede im Wohlstand verschiedener Kulturen findet man nicht nur zwischen den Ländern, sondern häufig auch innerhalb eines Landes: der oft erstaunlich große Unterschied des wirtschaftlichen Erfolgs ethnischer Gruppen, die schon immer oder seit langer Zeit in ein und demselben Land lebten zum Beispiel die Juden in Deutschland, den USA und zahlreichen anderen Ländern, die Deutschen im zaristischen Rußland oder Osteuropa, die Armenier und Griechen im Osmanischen Reich, die Parsen, Dschainas und Sikhs in Indien, die Ibos in Nigeria, die Basken oder Katalanen in Spanien, die Protestanten in Frankreich usw...'

44. These:
Nicht jede Kultur passt zu einer herrschenden Produktionsweise.

Warum ist Kapitalismus in unterschiedlichen Kulturen unterschiedlich erfolgreich?
Eben weil sich Kultur auf die Produktionsweise einstellen können muss! Wenn sie das nicht kann, wenn sie nicht bestimmte Regeln und Tabus ändern kann, wenn sie starr ist, bremst sie die produktiven Kräfte.

Kultur ist alles, was die Interaktion einer Gruppe reguliert und ermöglicht, um mit den vorhandenen Mitteln und Ressourcen unter gegebenen klimatischen und sonstigen äußeren Umständen die Existenz und das Überleben und das Vermehren zu sichern.

Die kollektive Freiheit, oder die Freiheit einer Gruppe, besteht nun in der gnadenlosen Ausübung der Macht und Stärke gegen fremde Gruppen. Vernichten, vergewaltigen, auffressen!

45. These:

Sozialisierung - Bildung von Gruppen - ist eine 'Strategie der Evolution', um die natürliche Auslese zu beschleunigen.

Nochmal:
Das Individuum gibt mit seinem Eingebundensein in die Gruppe einen Teil seiner individuellen Zwänge zur Ausübung seiner Macht gegen andere ab, delegiert sie sozusagen an die Gruppe und deren Vollzugsorgane - Staat, Polizei, Armee...
Die so durch die Mehrheit der Individuen ermächtigte Gruppenführung kann nun nach außen mit dem demokratisch sanktionierten Recht des Stärkeren agieren. Zur Erhaltung der Existenz der Gruppe und ihrer herrschenden Kultur ist jedes Mittel recht.
Man überzieht die Feinde mit Krieg.
Rücksichtslos! Bis auf den heutigen Tag!

Edelmut und Toleranz des Einzelnen sind erkauft mit der Weitergabe der Brutalität an den Staat; an die Vollzugsorgane der Gruppe.

In den modernen Gesellschaften der Zivilisation gibt es infolge der Arbeitsteilung jene Individuen, die von der Ausübung der Naturrechte des Tötens zur Nahrungsbeschaffung genau so, wie des Tötens der Feinde, soweit entfernt sind, dass sie glauben, damit nichts mehr zu tun zu haben, und das Recht hätten, sich über die Mensche moralisch zu erheben, die das Naturrecht im Auftrag der Gruppe durchsetzen.

Es ist irrwitzig, wenn Leute, die gerne Wurst und Schnitzel essen, den Schlachter wegen seiner Brutalität verachten!

Aber wenn diese anderen - diese Bösen! - nicht den Anteil an Boshaftigkeit, der den Gutmenschen eigentlich zusteht, mit übernehmen würden, dann müssten die Gutmenschen selbst böse sein, wenn sie denn nicht gefressen werden wollen.

Es gibt keine 'Gutmensche' ohne die Gruppe.
Es gibt keine Gruppe, ohne Beschränkung der individuellen Freiheit (die in der Ausübung des Zwanges zu einem rücksichtslosen Egoismus besteht) - ohne Kultur!
Das Individuum - egal ob im Tierreich oder in einer menschlichen Gruppe -, das nicht bereit ist (oder aus Blödheit nicht fähig ist), sich an die, die Freiheit beschränkenden Regeln der Kultur zu halten, muss ausgemerzt werden, damit die allgemeine Basis, auf der die Gruppe funktioniert, keinen Schaden nimmt.

Wer nicht bereit ist (oder unfähig), ein Stück individueller Freiheit herzugeben gegen den Gewinn, in einer Gruppe aufgehoben und geborgen zu sein, muss damit rechnen, dass er in die Freiheit abgeschoben wird - ins Abseits, wo er tun und lassen kann, was er will- oder direkt in den Tod.

Der Säugling lernt das Weggeben von individuellen Freiheiten und die Anpassung an die Gruppe der Mensche Schritt um Schritt. Man nennt das Erziehung.
Was herauskommt, wenn Kinder nicht erzogen werden, wenn man ihnen ihre 'individuelle Freiheit' lässt, ist bekannt. Die berühmte antiautoritäre Erziehung hat die Dialektik von Anpassung und Freiheit ignoriert.

46. These:
Nur wirklich gut angepasste Individuen können innerhalb der Gruppe ein Optimum an Freiheit finden.

Sie reiben sich weniger als Unangepasste. Sie müssen nicht soviel Energie darauf verschwenden, sich mit anderen zu streiten und zu beharken. Sie können alle Energie darauf verwenden, die vorhandenen Freiräume zu nutzen – so weit als möglich frei zu sein!

Das wäre das Loblied auf die Angepassten, auf die stromlinienförmigen Mensche, die man auch gern als Kriecher oder Mitläufer beschimpft.

Aber:
Die Sympathie gilt allgemein eher den Individuen, die nicht so angepasst sind, die aufmucken, die mit den Regeln der Gruppe ständig kollidieren.
Und das ist durchaus berechtigt!

Nämlich:
Die kulturellen Regeln, die in Gruppen existieren, müssen ständig in Frage gestellt werden, müssen sich den Entwicklungen in der Gruppe, den sich verändernden Produktionsweisen anpassen.

Und sie müssen sich auch den Anforderungen anpassen, die von außerhalb der Gruppe auftauchen. Wenn der andere Stamm, der im gleichen Wald haust, mit Krieg droht, dann gilt es in der Gruppe jene Regeln zu verschärfen, die die Verteidigungsbereitschaft stärken. Dann gilt Kriegsrecht! Dann werden Außenseiter und Diebe sofort hingerichtet.

Nebenbei:
Unter diesem Gesichtspunkt sollte man auch die Geschichte der Sowjetunion noch einmal genauer betrachten.

War es nicht ein permanenter Kriegszustand, in welchem sich diese Gesellschaft seit der Revolution 1917 befand? Die ganze kapitalistische Welt versuchte gemeinsam mit der inneren Opposition - von den Kulaken bis zu den feudalistischen Stammesfürsten im Kaukasus - diese neue Sowjet-Gesellschaft schnellstmöglich zu beseitigen. Diese neue Sowjet-Gesellschaft stellte alleine durch ihre Existenz für das Bestehen der ansonsten in der Welt existierenden Gruppen eine Gefahr dar.

Nur die Unangepassten in den kapitalistisch geprägten Gesellschaften - und das waren fast alle 'Linken' in der Welt (vornehmlich die Künstler) - schenkten dieser neuen Gesellschaft in der Sowjetunion zumindest moralische Unterstützung.

Keiner der äußeren und inneren Feinde hätte auch nur eine Sekunden gezögert, die Kommunisten in Bündeln zu tausend Mann zu erschießen.
Sie taten es ja auch dort, wo sie es konnten.
Es war wohl um 1920, als die Sowjetunion nur noch aus einem kleinen Territorium rings um Moskau bestand. Der Rest des Riesenreiches war von Invasoren besetzt. Japaner, Deutsche, Engländer...
Neunzehn Jahre später rückte unter großem Jubel Deutschland noch mal an.
Und auch zwischendurch gab es wenig Ruhe für diese sowjetischen 'Outsider'.
In den Augen der 'kapitalistischen Großgruppe' waren die Sowjets eben solche 'Outsider', unangepasste Querulanten. Sie stellten die vorhandenen globalen zivilisatorischen Regeln des Zusammenlebens in Frage. Die Sowjets mussten 'weg gebissen' werden!

Die Zahl der Kommunisten, die mit dem Knüppel erschlagen wurden von ihren eigenen Landsleuten, ist heutzutage vergessen.

Die Zahl der Toten, die in den berüchtigten Arbeitslagern der Stalin-Ära umkamen, wächst dagegen Jahr um Jahr, denn die Bewahrer und Beschützer der 'westlichen Zivilisation' benötigen diese Zahlen zum Beleg für die eigene moralische Überlegenheit.

Man schöpft daraus die Argumente, die eigene Ordnung bewahren zu müssen.

Mit allen Mitteln!

Und wenn es in der ehemaligen DDR keine Stasi gegeben hätte, könnte sich zum Beispiel auch das wiedervereinigte Deutschland nicht derart in die Brust schmeißen: Wir sind die moralisch Besseren! Die DDR war ein Unrechtssystem!

Aber war nicht die Stasi auch so eine aus der Not, aus der Bedrängnis des Systems geborene Missgeburt?

Man kennt den Spruch:
Geschichte ist die Summe der Lügen, auf die sich die Sieger geeinigt haben!

Jedenfalls ausgehend davon, dass jedes Individuum von Natur her die Freiheit besitzt, alle anderen umzubringen, aufzufressen und möglichst viele Nachkommen zu hinterlassen, ist jede menschliche Gruppierung mit der Delegierung des individuellen Zwanges zur Freiheit an eine Gruppenfreiheit - oder Kultur - verbunden.

Ohne Konstituierung einer Gruppenkultur, unter die sich die Individuen unterordnen, kann es keine stabile Gruppe geben.

47. These:
Freiheit das ist das Unwort des Jahrtausends!

Künstliche Intelligenz - 2024 - "ChatGPT" - sagt:

Die Definition von Freiheit ist vielfältig und wird in verschiedenen philosophischen, politischen und sozialen Kontexten unterschiedlich verstanden. Hier sind einige zentrale Ansätze und Theorien zur Definition von Freiheit:

1. *Negative Freiheit:*
   - *Negative Freiheit, auch als Freiheit von Zwang bezeichnet, bedeutet die Abwesenheit von äußeren Beschränkungen oder Einmischung. Eine Person ist frei, wenn sie tun kann, was sie will, ohne von anderen daran gehindert zu werden. Diese Auffassung von Freiheit betont das Fehlen von Barrieren und Einschränkungen durch andere Menschen oder Institutionen.*

2. *Positive Freiheit:*
   - *Positive Freiheit, auch als Freiheit zu etwas bezeichnet, bedeutet die Fähigkeit, ein selbstbestimmtes Leben zu führen und die eigenen Ziele und Wünsche zu verwirklichen. Hierbei geht es weniger um die Abwesenheit von Zwang, sondern um die Möglichkeit und Fähigkeit, das eigene Potenzial zu entfalten. Diese Auffassung von Freiheit legt Wert auf Selbstverwirklichung und Autonomie.*

3. *Politische Freiheit:*

- o *Politische Freiheit bezieht sich auf die Rechte und Freiheiten, die Bürger in einem Staat haben, wie z.B. Meinungsfreiheit, Versammlungsfreiheit, und das Recht auf demokratische Mitbestimmung. Diese Form der Freiheit ist eng mit dem Konzept der Bürgerrechte und der Demokratie verbunden.*

4. **Soziale Freiheit**:
   - o *Soziale Freiheit betrachtet die Fähigkeit von Individuen, innerhalb einer Gesellschaft frei zu handeln, ohne durch soziale Normen, Diskriminierung oder wirtschaftliche Ungleichheiten eingeschränkt zu sein. Diese Perspektive betont die Bedeutung von Chancengleichheit und sozialer Gerechtigkeit.*

5. **Moralische Freiheit**:
   - o *Moralische Freiheit bedeutet die Fähigkeit, nach eigenem moralischen Urteil zu handeln und ethische Entscheidungen zu treffen. Dies impliziert eine Verantwortung und Verpflichtung gegenüber moralischen Prinzipien und anderen Menschen.*

6. **Existenzielle Freiheit**:
   - o *Existenzielle Freiheit, ein Konzept aus der Existenzphilosophie, betont die radikale Freiheit des Individuums, sein eigenes Leben zu gestalten und Verantwortung für seine Entscheidungen zu übernehmen. Diese Form der Freiheit wird oft mit der Idee der "Geworfenheit" in die Welt und der Notwendigkeit, authentische Entscheidungen zu treffen, verbunden.*

7. *Rechtsstaatliche Freiheit:*

   o *Diese Form der Freiheit bezieht sich auf die Rechte und Freiheiten, die durch Gesetze geschützt und garantiert werden. Ein rechtsstaatliches System sorgt dafür, dass Freiheit durch rechtliche Rahmenbedingungen und Schutzmechanismen gewahrt bleibt.*

Diese verschiedenen Ansätze zur Definition von Freiheit zeigen, dass Freiheit ein vielschichtiges und komplexes Konzept ist, das je nach Kontext und Perspektive unterschiedliche Bedeutungen haben kann. In der Praxis wird Freiheit oft als ein Zusammenspiel verschiedener Elemente verstanden, das sowohl individuelle Autonomie als auch soziale und politische Dimensionen umfasst.

Der Begriff, wie er landläufig gebraucht wird (im Sinne von Unabhängigkeit etc.), ist eine Lüge in sich.

Mensche brauchen alles andere, nur nicht Freiheit.

Eingebundensein brauchen sie, Gebrauchtsein brauchen sie, Geselligkeit brauchen sie...
In der natürlichen Freiheit gibt es für den Einzelnen kein Glück, keine Glückseligkeit, keine Zufriedenheit...

Glücklich ist, wer spürt, dass er von anderen gebraucht wird, geachtet wird, gestreichelt wird, geküsst wird... usw. - weil er etwas geleistet hat für die - für seine! - Gesellschaft.

48. These:
Menschliches Glück beginnt mit Unfreiheit.

Weil eben Freiheit das Recht und die Pflicht ist, sich als Individuum in der evolutionären Natur zu behaupten. Umbringen, was sich umbringen lässt!

Genauer gesagt:
Glück beginnt mit der Aufnahme von irgendwelchen friedfertigen Beziehungen zu anderen Lebewesen. Und diese Beziehungen müssen reguliert werden. Es muss Regeln geben, die die Beziehungen möglich machen. Die individuelle Freiheit muss eingeschränkt werden. Wenn das Weibchen das Männchen vor der Befruchtung fressen würde, wäre das kontraproduktiv. Umgekehrt genau so.

Im Verlauf der Evolution kommt es dann nach der Herausbildung von sozialen Gruppen zu einer nächsten Etappe: Es kommt zu Bündnissen zwischen verschiedenen Gruppen. Es entwickelt sich eine Über-Kultur, die es ermöglicht, dass Gruppen über ihre internen Kulturen hinaus gemeinsame Regeln entwickeln, die dann ihre Position im großen Kampf gegen andere feindliche Gruppen stärkt.
Solche Kulturen auf höherer Ebene - interkulturelle Bündnisse - sind meistens sehr labil und gehen schnell in die Brüche. Aber es entwickeln sich auch durchaus relativ stabile Kultursegmente, wie zum Beispiel 'Kriegsrecht' oder 'Gastrecht' oder 'Schutz minderjähriger Kinder'... - also Teile einer übergeordneten Kultur, die bestimmt Regeln des Kampfes der Gruppen gegeneinander festlegen.

Kulturkreise wachsen, wachsen über sich hinaus, wachsen mit anderen ähnlichen Kreisen zusammen - siehe Europa, siehe USA. Das geschieht über Jahrhunderte hinweg in höchst widersprüchlichen Prozessen.

An den geografischen Rändern der Kulturkreise flackern die Kriege.

An den sozialen Rändern im Inneren keimen Protest und Revolution.

Nebenbei:
Der momentan sich am dynamischsten entwickelnde Kulturkreis ist der asiatisch-chinesische.
Ein Vermeiden kriegerischer - oder mindestens kaltkriegerischer - Auseinandersetzungen ist unmöglich. Eine Kultur muss sich als die stärkere erweisen - deutlich! - , sonst wird es keine Annäherung geben. Eine Kultur muss sich negieren.

Aktuell verfolgen wir heutzutage einen Kampf zweier Groß-Kulturen - den Kampf des Islam gegen die westliche Zivilisation (Christentum).
Hinzuzutreten scheint der asiatische Kulturkreis - China, Russland, Indien.
Wer wird untergehen?
Die Aggressivität der Verliererkultur wächst mit ihrer Ohnmacht.
Der Islam schlägt um sich.
Russland kämpft in der Ukraine.

Die Infiltration westlicher Ideale, die Aufweichung von Werten der islamischen Kultur soll gestoppt werden. Der Islam versucht die ideologischen Grenzen zu schließen.
Ein hoffnungsloses Unterfangen.
Die Mehrheit der Bevölkerung in den islamischen Ländern ist längst von der westlichen Kultur und ihrem Reichtum geblendet und infiziert.

Die Bevölkerungen der ehemals sozialistischen Staaten erlitten das gleiche Schicksal. Und der Westen musste (und muss) dazu kaum etwas tun. Es genügt, wenn die Informationen, wenn die Bilder um die Welt gehen.

**Der Untergang der sozialistischen Staaten ging mit der Erfindung und Verbreitung des Fernsehens einher.
Das nächste Opfer der Globalisierung der Informationskanäle - sprich des Internets - wird wahrscheinlich der Islam sein.**

49. These:
Grundsätzlich gilt - Kultur ist Beschränkung der Freiheit.
(Jener Freiheit, rücksichtslos allein nach dem Naturgesetz leben und handeln zu können!).

Noch mal:
Das Individuum gibt einen Teil seiner evolutionären Freiheit ab, um in einer Gruppe leben zu können.
Die Gesellschaft, der Staat mit seinen Vorschriften und Gesetzen reguliert das Verhältnis von Egoismus und Solidarität. Die gesellschaftliche Praxis schafft die Grenzen und die Freiräume für das Individuum automatisch. Ohne Philosophie!
Die ungestellte Frage lautet aber stets:

Was können wir uns an Egoismus leisten, damit wir als Gruppe stark genug bleiben, unsere Feinde besiegen zu können?

Die kleinen Gruppen geben also jeweils einen Teil ihrer Freiheit ab, um in der Gesellschaft mit anderen Gruppen in einer größeren Gruppe leben zu können.

Die Reihenfolge der Gruppenhierarchie wäre Familie,
Stamm, Volk, Nation, Union... Menschheit?
Gleichzeitig mit dem beständigen Wachstum der großen
Gruppe, vollzieht sich ein Prozess der inneren Differen-
zierung der Großgruppe in Untergruppen, die ihrerseits
wieder kulturelle Besonderheiten entwickeln - sogenannte
Subkulturen. Das beginnt bei den Familien und geht über
die Vereine bis hin zu Volksgruppen, Nationen... etc.
Zwischen den Untergruppen findet dann der übliche Konkurrenzkampf statt, der allerdings mit den Machtinstru-
menten der Großgruppe kontrolliert und reguliert wird.
Dieser innere Kampf darf nicht erlahmen.
Er muss auch existentiell bleiben, damit die produktiven
und kreativen Kräfte der Individuen herausgefordert werden.

50. These:
**Gleichmacherei und kollektive Verantwortungslosig-
keit, wie sie der Sozialismus hervorgebracht hatte, sind
das Ende einer Gruppe und deren Kultur.**

Frage:
Wenn die Gattung Mensch keinen äußeren Feind mehr
hat, wenn es also keinen Sinn hat, die individuelle Freiheit
(bzw. die Freiheit einer Gruppe) zugunsten einer übergeordneten kollektiven Freiheit zu opfern, weil eben das Opfer nicht mehr nötig ist... - weil die Gruppe nicht stark sein
muss im Kampf gegen andere... -, weil keine andere kon-
kurrierende Gruppe mehr existiert... - kommt es dann zur
Auflösung der Kultur?
Oder kommt es dann zur Radikalisierung der Subkulturen?

Schon jetzt ist zu konstatieren, dass in den Gesellschaften,
in denen das Bewusstsein, dass man für die kollektive

Kampfbereitschaft (für die Kriegstüchtigkeit!) Opfer zu bringen hat, kaum noch vorhanden ist, auch die Kultur den Bach hinunter geht. Allgemeine Regeln des Zusammenlebens werden mehr und mehr missachtet, Tabus immer stärker gebrochen.

Ohne Bedrohung von außen verliert die Einhaltung kultureller Regeln ihren Zweck. Die Individuen benehmen sich zunehmend asozial, kulturlos - also frei, freier, am freiesten!

Gruppen (Völker, Nationen) die sich einer starken Bedrohung von außen ausgesetzt fühlen, hüten ihre Kultur viel stärker, als jene, die sich vor Bedrohungen in Sicherheit wähnen.

Die Bereitschaft der Individuen, auf individuelle Freiheiten zu verzichten und sich der Kultur der Gruppe unterzuordnen, sinkt.

Bedeutet das, dass mit der Globalisierung mit dem Verlust der äußeren Feinde die Mensche die Kultur verlieren werden?

Wird es eine Rückkehr zur absoluten Freiheit, zum freien und ungebremsten Kampf jeder gegen jeden kommen?

Wird es mit der Bewegung in Richtung Globalisierung wieder verstärkt die Tendenz zur Herausbildung von aggressiven Kleingruppen geben, die dann gegeneinander zu kämpfen beginnen? Fängt alles noch mal von vorne an? Auf höherem Niveau der Kampftechnik?

Wahrscheinlich nicht!

Die Großgruppe 'Menschheit' hat einen ewigen Hauptfeind: Die Natur und die gesamte unbelebte Materie!

Wenn sich das Mensch also seiner Situation, seiner Hauptfeinde, bewusst werden würde, wenn es begreifen würde, dass die undefinierte Freiheit kein Glück für das Dasein ist, wenn es begreift, dass es einer Menschheitskultur bedarf, um sich gegen die schlimmsten Feinde - gegen die Mächte der Natur und gegen die Evolution - behaupten zu können... - um überhaupt Menschheit zu erhalten -, dann wäre solch eine Entwicklung vielleicht zu verhindern.

Ist Globalisierung ein letzter Akt vor der Befreiung der Mensche aus dem Gefängnis der Evolution?

Schön wär's!
Voraussetzung dafür wäre, dass massenhaft und mehrheitlich begriffen würde:
Freiheit - also, leben und handeln wie es die evolutionäre Prägung vorgibt und sich nicht den kulturellen Regeln einer Gruppe unterordnen - ist in Wirklichkeit keine Freiheit, sondern Kapitulation vor den Zwängen der Evolution.
Das Naturgesetz friss und vermehre dich! - ist die große Zwangsjacke, in der das Mensch steckt. Wenn es die abstreifen will, wenn es sich dem Gesetz der Evolution, dem ewigen Zwang irgendwelche anderen umzubringen, entziehen will, hilft ihm nicht Freiheit, sondern Kultur.

Kultur heißt - wie gesagt - teilweisen Verzicht auf Freiheit!

Dieser Paradigmenwechsel ist so wesentlich, wie der, dass sich nicht die Sonne um die Erde dreht, sondern die Erde um die Sonne!

Die Schaffung einer globalen Kultur und die disziplinierte Einordnung der Individuen in diese Kultur erscheint jetzt als die einzige Möglichkeit für das Überleben der Mensche, bei einem Höchstmaß an Glücksgewinn.

51. These:
Erhaltung und Entfaltung von Kultur ist die Chance zum Überleben der Mensche!

Aber nun taucht die Frage auf:
Wie soll diese Kultur ausschauen? Welche Regeln soll sie postulieren, welche Tabus errichten, welche Ideale formulieren?

Sicher müsste beispielsweise die Macht des Finanzkapitals entscheidend beschränkt werden. Es müssten Regeln für die Verteilung des gesellschaftlichen Reichtums gefunden werden. Wenn in einer globalisierten Menschheit eine Handvoll Superreicher das Sagen hat, werden langfristig schwere Verteilungskämpfe unvermeidbar sein. Heute besitzen bereits nur 10 % der Weltbevölkerung 85 % des Reichtums. Dieses Missverhältnis verschärft sich unentwegt und permanent seit Jahrhunderten.

Es zeigt, dass die Gesetze der Evolution - die Stärkerwerdung der Starken auf Kosten der Schwachen- unentwegt gelten und ihre Wirkungen hervorbringen. Das Maß der sozialen Ungerechtigkeiten wächst und wächst und wächst...

52. These:
Die innere Stärke der Gruppen mit kapitalistischer Produktionsweise und westlicher Kultur schwindet.

Noch einmal zurück:
In der Evolution zeigte sich, dass Gruppen mit ausgeprägten Kulturen stärker waren, als Einzelgänger und wilde Horden.

Aus der notwendigen Abgabe individueller Freiheiten an die Gruppe ergab sich irgendwann auch die Erkenntnis, dass es eigentlich angenehm ist, das Recht auf Fressen und Fortpflanzung in begrenztem Umfang zu haben, aber nicht unbedingt selbst der Pflicht nachkommen muss, zu kämpfen, zu töten, zu vergewaltigen!
Die Trennung zwischen Wahrnehmung des Rechtes und Erfüllung der Pflichten für die Evolution hat letztlich irgendwann dazu geführt, dass man es als Glück empfand, friedlich leben zu können.

53. These:
Frieden ist das Ende der Evolution!

54. These:
Wirkliche Freiheit ist optimale Anpassung an die Kultur der - mehr oder weniger stark im evolutionären Kampf befindlichen - Gruppe!

Erinnert sei hier an **FRIEDRICH ENGELS**:
"Freiheit ist Einsicht in die Notwenigkeit."

Muss man irgendwann die Starken ausrotten... oder deren Machtmittel zerstören... - damit die Mehrheiten... die große Gruppe... die Menschheit... neue Kräfte gewinnen kann, für den Kampf gegen den ewigen Feind ... gegen die unbelebte Natur... gegen die gnadenlose Materie?

Lautet die letzte Frage womöglich:
EVOLUTION oder MATERIE?

V - KUNST oder DEKADENZ

Künstliche Intelligenz - 2024 - "ChatGPT" sagt:

Die philosophische Definition von Kunst ist ein komplexes und vielschichtiges Thema, das im Laufe der Geschichte von zahlreichen Philosophen und Theoretikern unterschiedlich interpretiert wurde. Hier sind einige zentrale Ansätze und Konzepte, die die philosophische Definition von Kunst prägen:

1. ***Mimesis (Nachahmung):***
   - *Der klassische Ansatz, der auf Aristoteles und Platon zurückgeht, definiert Kunst als Nachahmung (Mimesis) der Natur oder der Realität. Kunstwerke spiegeln die Welt wider und vermitteln Einsichten über die Wirklichkeit.*
   - *Platon war skeptisch gegenüber der Kunst, weil er glaubte, dass sie nur eine Imitation der oberflächlichen Erscheinungen und nicht der wahren Ideen sei. Aristoteles hingegen sah in der Nachahmung eine Möglichkeit, die Welt zu verstehen und zu erklären.*

2. ***Expressionismus (Ausdruck):***
   - *Der expressionistische Ansatz, vertreten durch Philosophen wie Benedetto Croce und R.G. Collingwood, sieht Kunst als Ausdruck von Emotionen und inneren Erfahrungen des Künstlers. Kunstwerke sind demnach Manifestationen der subjektiven Gefühle und Gedanken des Schöpfers.*
   - *Dieser Ansatz betont die kreative und transformative Kraft der Kunst, die über*

die bloße Nachahmung hinausgeht und neue Bedeutungen schafft.

3. **Formalismus:**

   o *Formalisten wie Clive Bell und Clement Greenberg betonen die formalen Eigenschaften von Kunstwerken, wie Komposition, Farbe, Linie und Struktur. Kunst wird hier weniger durch ihren Inhalt oder ihre emotionale Wirkung definiert, sondern durch ihre ästhetischen Qualitäten und die Art und Weise, wie sie diese präsentiert.*

   o *Die Idee der „signifikanten Form" ist zentral, wobei die ästhetische Erfahrung durch die formalen Merkmale des Kunstwerks ausgelöst wird.*

4. **Institutionelle Theorie der Kunst:**

   o *Diese Theorie, entwickelt von Philosophen wie Arthur Danto und George Dickie, definiert Kunst im Kontext der sozialen und institutionellen Strukturen, die bestimmen, was als Kunst gilt. Ein Kunstwerk ist demnach das, was von der Kunstwelt (Museen, Galerien, Kritiker) als solches anerkannt wird.*

   o *Diese Definition betont den kontextuellen und relationalen Charakter von Kunst und die Rolle von Institutionen und Experten in der Bestimmung und Bewertung von Kunstwerken.*

5. **Kunst als Spiel und ästhetische Erfahrung:**

   o *Friedrich Schiller und später Hans-Georg Gadamer sahen Kunst als eine Form des Spiels, das kreative Freiheit und die Entfaltung der menschlichen Fähigkeiten er-*

möglich. Kunst wird als eine spielerische Aktivität betrachtet, die ästhetische Erfahrungen und Genuss bietet.

    o *Diese Sichtweise betont die Bedeutung der Rezeption und der Interaktion zwischen Werk und Betrachter.*

6. **Kunst als kritische Praxis:**

    o *Theoretiker wie Theodor W. Adorno und Herbert Marcuse sahen Kunst als eine Form der kritischen Praxis, die gesellschaftliche Verhältnisse hinterfragt und transformative Potenziale hat. Kunst kann soziale Missstände aufdecken und zur Emanzipation beitragen.*

    o *Diese Definition verbindet ästhetische und politische Dimensionen der Kunst und sieht sie als Mittel zur Bewusstseinsbildung und sozialen Veränderung.*

Zusammengefasst lässt sich sagen, dass die philosophische Definition von Kunst je nach theoretischem Ansatz variiert und unterschiedliche Aspekte wie Nachahmung, Ausdruck, formale Qualitäten, institutionelle Anerkennung, spielerische Freiheit und kritische Reflexion betont. Kunst ist ein vielschichtiges Phänomen, das in verschiedenen Kontexten und aus unterschiedlichen Perspektiven betrachtet werden kann.

Zu allen Zeiten - angefangen bei den ersten, in Rudeln oder Horden lebenden Neandertalern oder Hinterwäldlern oder wie man sie auch bezeichnen will - haben sich Mensche Gedanken über die beste Form ihres Zusammenlebens gemacht. Es wurden Regeln aufgestellt, die Anfangs

nicht über den Rand des Stammes oder der Sippe hinaus-
reichten , es wurden Tabus formuliert, es wurden Gesetze
erlassen, denen sich alle Mitglieder der Gemeinschaft
mehr oder weniger freiwillig unterwarfen. Siehe Kapitel
'Freiheit oder Kultur'.

Angemerkt sei, dass es nie eine Form von Gruppe oder
Gesellschaft gegeben hat, in die sich alle Individuen rei-
bungslos eingeordnet haben.

**Immer (!) gab es mehr oder weniger große Minderhei-
ten, die aus den verschiedensten Ursachen mit der
herrschenden Kultur in Konflikt gerieten, und deshalb
ausgegrenzt wurden.**

Die Formen der Ausgrenzung in den Urgesellschaften waren übrigens äußerst brutal.

Ein Zitat:
'Ohne Eingliederung, die zugleich auch Ausgliederung
androht und exemplarisch verwirklicht, gäbe es keine Kultur mit einem Selbstverständnis von dem, was moralisch
statthaft, zugehörig, normal ist. Eingliedern und ausgliedern, integrieren und deintegrieren ist also ein dialekti-
scher Urvorgang aller Bildung von Sozialität und Kultura-
lität.
Ausgliedern bedeutet dabei einen erfolgreichen Kraftakt -
der Störenfried fliegt von der Schule, der Verbrecher
kommt hinter Schloss und Riegel aber zugleich auch ein
Ärgernis und ein Scheitern.
Denn so sind Kulturen nun einmal: Als wert geladene und
relativ zeitbeständige, kontinuierliche Lebensformen sind
sie tief vom Vorzug ihrer selbst im Vergleich zu anderen
Lebensformen durchdrungen.'

(**KARL OTTO HONDRICH** in 'Integration als Kampf der Kulturen'/ 2006)

Das trifft auch auf Unterkulturen, Subkulturen in einer Kultur zu. Glaubensgemeinschaften, Sekten, Parteien, Vereine... Bewegungen...
... wenn es diese 'Präferenz für das Eigene' nicht gäbe, gäbe es keine Kulturen, oder Subkulturen.

Nebenbei:
Die Art und Weise der Ausgrenzung von homosexuellen Individuen ist für die frühen Gruppen der Mensche kaum erforscht und nicht belegbar.
Wie in tierischen Gruppen scheint eine Art Duldung vorgeherrscht zu haben. Auch kranke und verkrüppelte Individuen, die ebenfalls nicht zur Stärke und Arterhaltung der Gruppe beitragen konnten, wurden (wahrscheinlich) nicht immer selektiert und ausgestoßen.
Das Maß der Duldung wurde zweifelsohne von dem von außen kommenden evolutionären Druck, den die Gruppe auszuhalten und deren sie sich zu erwehren hatte, bestimmt.
Viel Druck - wenig Duldung!
Es gibt in der Menschheitsgeschichte wenige Beispiele, wo die Duldung von Homosexualität ein Maß erreichte - ja, zu einer Art 'Mode' wurde - die zum Untergang der Gruppe führte.

Künstliche Intelligenz - 2024 - "ChatGPT" sagt:

Homosexualität im alten Griechenland hatte weitreichende kulturelle, soziale und politische Auswirkungen, die sich in verschiedenen Aspekten des Lebens und Denkens der griechischen Gesellschaft widerspiegelten. Hier sind einige der wichtigsten Auswirkungen:

117

1. **Bildung und Erziehung**: *In vielen griechischen Stadtstaaten, insbesondere in Athen, war die päderastische Beziehung zwischen einem erwachsenen Mann und einem jüngeren Jungen ein zentraler Bestandteil des Bildungssystems. Diese Beziehungen wurden oft als Mittel zur intellektuellen und moralischen Erziehung der Jungen gesehen. Der erwachsene Liebhaber (Erastes) fungierte als Mentor und Lehrer, während der jüngere Partner (Eromenos) von seinem Wissen und seiner Erfahrung profitierte.*

2. **Militärische Bindungen**: *In einigen griechischen Stadtstaaten, wie Sparta und Theben, spielten homosexuelle Beziehungen eine wichtige Rolle in der militärischen Organisation. In Sparta wurden solche Beziehungen zwischen älteren und jüngeren Soldaten gefördert, um die Bindung und Loyalität innerhalb der Einheiten zu stärken. Ein berühmtes Beispiel ist das „Heilige Band von Theben", eine Eliteeinheit, die aus Liebespaaren bestand und für ihre Tapferkeit und Disziplin bekannt war.*

3. **Künstlerische und literarische Ausdrucksformen**: *Homosexualität war ein häufiges Thema in der griechischen Kunst und Literatur. Dichter wie Sappho und Anacreon sowie Philosophen wie Platon thematisierten gleichgeschlechtliche Liebe in ihren Werken. In Platons „Symposion" wird die Liebe zwischen Männern als eine edle und spirituelle Form der Liebe dargestellt, die zur philosophischen Erleuchtung führen kann.*

4. **Gesellschaftliche Akzeptanz und Rollen**: *Während homosexuelle Beziehungen in bestimmten Kontexten akzeptiert und sogar gefördert wurden, waren sie doch oft an spezifische soziale Rollen*

und Erwartungen gebunden. In Athen war es beispielsweise üblich, dass solche Beziehungen zwischen einem älteren, dominanten Partner und einem jüngeren, untergeordneten Partner bestanden. Diese Beziehungen waren jedoch in der Regel auf eine bestimmte Lebensphase des jüngeren Partners beschränkt und wurden nicht als Ersatz für die Ehe und die heterosexuelle Fortpflanzung angesehen.

5. *Politische Implikationen*: Homosexuelle Beziehungen hatten auch politische Dimensionen. In einigen Fällen wurden sie als Mittel zur Schaffung und Aufrechterhaltung politischer Allianzen und Loyalitäten genutzt. Beispielsweise waren einige der berühmtesten Politiker und Militärführer der griechischen Geschichte, wie Alexander der Große, bekannt für ihre gleichgeschlechtlichen Beziehungen, die oft als Teil ihrer persönlichen und politischen Netzwerke galten.

6. *Philosophische Reflexionen*: Philosophen wie Platon und Aristoteles reflektierten über die Natur der Liebe und der Beziehungen, einschließlich der homosexuellen Beziehungen. In Platons „Symposion" wird die Liebe zwischen Männern als eine Form der göttlichen Inspiration und als ein Weg zur Erreichung höherer Wahrheiten dargestellt.

Insgesamt hatte die Homosexualität im alten Griechenland komplexe und vielfältige Auswirkungen, die weit über die rein sexuelle Dimension hinausgingen und tief in die sozialen, kulturellen, militärischen und politischen Strukturen der Gesellschaft eingewoben waren.

Der Unterschied zwischen den Kulturen der Menschen ist nun aber gar nicht so erheblich, wie man oft allgemein unterstellt. Schaut man genauer hin - irgendein Gott oder mehrere Götter - aber sonst werden solche Werte wie Mut, Tapferkeit, Aufrichtigkeit... etc.pp. ... in allen Kulturen gleichermaßen geschätzt.
Die wesentlichsten Richtlinien, Verhaltensregeln, Tabus etc. gleichen sich in allen Kulturen sehr stark. Die Überlegenheit der eigenen Kultur gegenüber einer anderen, womit dann auch die Notwendigkeit der Ausrottung der anderen Kultur impliziert ist, kann nur an Äußerlichkeiten festgemacht werden. Die einen fressen keine Schweine, die anderen trinken ihren Tee genau um 17 Uhr!

Die Summe von exakt formulierten und von ungeschriebenen, aber allgemein anerkannten Vorschriften, Gesetzen und Tabus stellt schließlich das dar, was wir die Kultur einer gesellschaftlichen Gruppierung, einer Gesellschaft nennen. Denn solche Vorschriften, Gesetze und Tabus gibt es in allen Bereichen Paarungsverhalten, Kleidung, Zubereitung von Nahrung, Umgang mit Kindern... kurz:

55. These:
Nichts, was Individuen innerhalb einer Gruppe tun, ist frei von kultureller Prägung.

Die umgangssprachlich oft vorgenommene Reduzierung des Begriffs Kultur auf künstlerische Bereiche ist völlig falsch.

56. These:
Die Kunst ist Vermittler, Transportmittel und Wächter über die Kultur (über die Einhaltung der Vorschriften, Gesetze und Tabus).

Die Kunst bewertet das Tun der Mensche am Maßstab der geltenden Kultur und stellt es entweder positiv - also schön! -, oder negativ - also hässlich! - dar.

Mit der künstlerischen Darstellung zum Zweck der Bewertung manifestiert und dokumentiert die Kunst aber gleichzeitig die Kultur an sich, macht sie sinnlich erlebbar nachvollziehbar!
Die Funktion der Kunst für die Weitergabe der kulturellen Regeln und Erfahrungen an die nachfolgenden Generationen ist unersetzbar. Denn:

57. These:
Kultur wird nicht vererbt.
Kunst ist ein wesentliches Transportmittel der Kultur von Generation zu Generation.

Die ersten Höhlenzeichnungen sind ein Loblied auf den Mut der Jäger, die die Sippe mit Fleisch versorgten. Ihr Tun ist lebenswichtig für die Sippe. Man ehrte sie, in dem man sie darstellte - schön und mutig!

Kunst schafft nachahmenswerte Vorbilder. Oder sie dient zur Abschreckung.

Kultur ist das allumfassende Regelwerk des Zusammenlebens in der Gruppe. Dazu gehört an oberster Stelle, dass die Starken gegenüber den Schwächeren Milde walten lassen.
Die Bereitschaft zu Milde entsteht vielleicht deshalb, weil auch der Starke gelegentlich erfährt, dass er schwächeln kann und dann selbst auf Milde angewiesen ist.
Diese Nachsicht der Starken gegenüber den Schwächeren zeichnet übrigens auch die Tiergesellschaften aus, bzw.

macht auch dort Rudel, Horde oder andere Gruppen erst möglich. Es ist eine in der Evolution gewonnene Erfahrung.

Alle bisherigen Kulturen sozialer Menschengruppen stellten Gerechtigkeit und Solidarität in den Mittelpunkt, weil sie sich der Stärke der Gruppe dienlich erwiesen.

Durch die Kunst wurden immer jene Individuen geächtet, die egoistisch waren und andere Mensche drangsalierten. Selbstlose Mensche, hilfsbereite Mensche wurden zu Heiligen berufen.

Man könnte sagen, Kultur ist das Bestreben der Mensche, ihre tierische Vergangenheit abzustreifen; das Gesetz des Stärkeren zu relativieren, abzumildern oder gar innerhalb der Gruppe ganz außer Kraft zu setzen.
Das große allgewaltige 'fressen oder gefressen werden', welches Jahrmillionen alle Kreaturen der Erde beherrscht hat; welches letztlich das Grundprinzip des Lebens an sich darstellt, soll gedämpft oder gar besiegt werden. Das ist auch der Wunschtraum vieler großer Denker der Menschheit.

Bis vor wenigen Jahren, genau bis zum 9. November 1989 träumte mancher in der Welt diesen Traum von der gerechten Gesellschaft, in der die Mensche untereinander solidarisch sein könnten, und nicht einer des anderen Teufel ist. Nennen wir diesen Traum 'Sozialismus' oder 'Kommunismus' oder 'Sonnenstaat' oder wie auch immer - der Traum ist jedenfalls endgültig ausgeträumt!

Die größte Illusion der Menschheit hat sich in laue Luft aufgelöst. Noch ist das nicht allen bewusst - vielleicht noch niemandem! -, doch im kollektiven Unterbewusstsein der Menschheit ist diese Erkenntnis längst vorhanden: **Es wird nichts werden mit der Flucht aus dem Tierreich!**

Oder finden wir doch noch einen Ausweg?

In den vorzivilisatorischen Perioden der Menschheit wurde über einige hunderttausend Jahre hinweg eine Kultur geprägt, die ganz auf das Überleben der Gruppe orientiert war. Die Einhaltung der kulturellen Regeln wurde scharf überwacht. Das Individuum trat hinter die Gruppeninteressen weit zurück.
Die zunehmende Individualisierung, die Befreiung einzelner Gruppenmitglieder aus den Zwängen der Kultur Regeln, Tabus, Glaubensgrundsätze... , die mit der beginnenden Arbeitsteilung und der ungerechten Verteilung des Reichtums einhergehen, begann die Kultur zu erodieren. Diese Erodierung der Kultur geht in den letzten Jahrhunderten in den zivilisierten Gesellschaften mit großer Geschwindigkeit vor sich. Sie geht Hand in Hand mit einer gewissen Emanzipation einzelner Individuen gegenüber der Gruppe. Eine gewisse Loslösung von den Fesseln der Kultur der Gesellschaft.

58. These:
Zivilisation ist die Entdeckung des Individuums.

Zivilisation beginnt wohl mit den alten Ägyptern vor einigen tausend Jahren.
Die moderne westliche Zivilisation kennt schon beinahe gar keine Tabus und Regeln mehr - nur noch den Profit. Wenn es sich rechnet, ist alles gut. Moralisch ist, wer reich ist.

Die Unterdrückung der Schwachen durch die Starken erfolgt über ein höchst effektives System den Kapital und Finanzmarkt , welches den unerhörten Vorteil hat, dass der Starke (der Kapitalbesitzer) die Schwachen nicht mit eigner Hand umbringen muss. Das erledigen die Schwachen nicht selten in eigener Regie.

Mancher, der sich über die Wertsteigerung seiner Aktien freut, kommt gar nicht auf den Gedanken, dass dafür wieder einige der Schwächsten irgendwo in weiter Ferne ihr Leben verlieren mussten.

Das Naziregime hatte seine KZs noch im eigenen Land errichten müssen.

Das globalisierte Kapital braucht sich um solche Dinge nicht mehr zu kümmern. Die Handlanger, Aufseher und Schlachter stehen wohlfeil überall in der Dritten Welt bereit. Man muss sie nicht kennen. Die Bezahlung erfolgt bargeldlos. Die Rendite ist ein Maß für Vernichtung und Ausrottung.

Ist die Geschichte der Zivilisation womöglich eine Geschichte des Verfalls von Kultur?

Für **FRIEDRICH NIETZSCHE** war Kultur nur auf der Basis einer ausgebeuteten und selber von Kultur ausgeschlossenen Masse denkbar. (darauf verweist **RÜDIGER SAFRANSKI** in seiner NietzscheBiografie, S.70)

Und **NIETZSCHE** hat natürlich ganz und gar nicht Recht.

Erstens ist die Masse immer in ein Regelwerk des Zusammenlebens der Sippe, des Stammes, der Gesellschaft..., sprich in eine Kultur eingebunden. Die Masse bringt die Kultur innerhalb des konkreten Kampfes um das Überleben erst hervor. Träger von Kultur sind immer die Massen.

Deswegen sind kulturelle Eigenheiten von Gruppen so zählebig, oder positiv formuliert so widerstandsfähig gegen Einflüsse von außen.

Das Individuum kann sich loslösen, kann in eine andere Kultur wechseln... die Masse ist träge.

NIETZSCHE zielt allerdings in seinem Denken auch nicht auf Kultur in ihrem eigentlichen Sinn, sondern auf Bereiche der Kunst, die von den Rezipienten ein Maß an Bildung verlangt, die die Masse oft nicht besitzt. Sein Irrtum liegt darin, dass er Kunst mit Kultur zumindest gleichsetzt.

Aber - und das gilt es festzuschreiben: Kunst ist primär nicht Teil der Kultur!
Kunst ist - wie gesagt - Wächter und damit zugleich der Kritiker und Vermittler der herrschenden Kultur.

Die Kunst steht außerhalb der Kultur.
Sie schaut auf die Gesellschaft und bewertet deren Tun am Maßstab der kulturellen Regeln. Sie lobt, sie tadelt und sie macht auch auf Fehlentwicklungen aufmerksam.
Bewusst und unbewusst!
Kunst ist ein Mittel, die Kultur sinnfällig und vermittelbar zu machen. Kunst ist ein Transportmittel für kulturelle Werte.
Glaube und Gesetze zwingen zur Einhaltung von kulturellen Vorschriften. Politik setzt kulturelle Prinzipien in der Gesellschaft durch. Philosophie versucht Kultur zu begründen. Wissenschaft untermauert Kultur. Kunst hält die Kultur in Bewegung. Versucht Erstarrungen zu verhindern. Stützt nützliche Entwicklungen. Wenn es denn Kunst ist!

59. These:
Kunst ist das emotional-sinnliche Gegenstück zum
Staat. Staat macht Gesetze im Sinne der herrschenden
Kultur und achtet auf Einhaltung - notfalls mittels
Einsatz von Gewalt.
Kunst achtet durch öffentliche Bewertung - Bloßstel-
lung, Lobpreisung etc. -darauf.

Der Rückzug der Gegenwartskunst auf abstrakten oder
sonstigen Formalismus; der weitgehende Verzicht der
Kunst auf Realitätsbezug ist ein Ausdruck der Verzweiflung der Kunst; ist ein Bekenntnis der Ohnmacht und Re-
signation.
Die Kunst hat in den letzten zwei/dreihundert Jahren bereits alles kritisiert, was in der modernen Zivilisation abläuft, mehrfach, brutal und vehement ohne die geringste
Wirkung zu erzielen.

Die Auflösung der Kultur ist durch die Mittel der
mahnenden Kunst nicht aufzuhalten.

Die Versuche der Kunst, letzte Bastionen der Kultur zu
retten, scheitern an den Massenmedien. Es sind nicht mehr
Minderheiten, die über die Grenzen der herrschenden Kultur hinwegtrampeln, sondern Mehrheiten organisiert von
gigantischer Profitgier.

Nirgendwo akkumuliert sich heutzutage mehr Kapital, als
bei der massenhaften Vermarktung von Hohlsinn und Un-
kultur. Die globalen Vermarktungsschienen machen es
möglich, dass ein Komponist mit seinen vier oder fünf
Dutzend Liedern, die er komponiert hat, zum Milliardär
wird. Oder schauen wir nach Hollywood! Grausam!

Die so genannte 'Massenkultur' - die eigentlich eine pervertierte Art von Kunst ist! - wird zum Totengräber der Kultur. Denn diese Kunstprodukte haben keinen produktiven Bezug mehr zur Kultur. Produktiv kann Kritik sein - genauso sein wie Lob! Oder Provokation... oder... oder! Wichtig allein ist der erkennbare Bezug zur Kultur und zum realen Leben der Mensche in ihrer Kultur.

60. These:
Kunstprodukte ohne produktiven Bezug auf Kultur sind Kitsch.

Die Produkte der 'Massenkultur' - also: Der Kitsch! - schaffen ein Bild der Realität (oder einen Ausschnitt davon) , das dem Betrachter, den Kunstkonsumenten, von einer heilen Welt erzählt. Keine Probleme, alles in Butter! Es entsteht kein Impuls, eigenes Handeln, Tun und Denken oder das der Gruppe in Frage zu stellen; zu prüfen, ob man mit den kulturellen Regeln übereinstimmt oder diese womöglich verändert werden müssen.
Kitsch befreit den Konsumenten von lästigen Fragen, die sein Eingebundensein in die Gruppe betreffen könnten.
Auch Pornografie ist Kitsch!
Schau, was andere treiben!
Plag dich nicht mit kulturellen Tabus. Scham, Kinderschutz, Liebe... was soll der Scheiß?
Mach, was du willst! Was dir gefällt!

61. These:
Kitsch in seiner übelsten Form zerstört Kultur aktiv.

Verwechseln wir Kitsch aber nicht mit der Sorte Kunst, die von ihren Betrachtern nur wenig Bildung verlangt.

Es gibt eben Kunstwerke, mit sehr primitiver und sehr direkter künstlerischer Aussage, bei denen man nichts interpretieren muss, kein Vorwissen braucht, um das Dargestellte verstehen zu können.

Kitsch ist Kitsch, wenn er ein destruktives Moment in Bezug auf Kultur besitzt.

Einfache Kunst, primitive Kunstäußerung, die selbst der Dümmste begreifen kann, ist in kultureller Hinsicht ungefährlich und tolerabel.
Die Höhlenzeichnungen der Urmenschen waren solche primitive Kunst. Oder auch Bücher für Kleinstkinder. Vielleicht auch Bereiche der Volkskunst (?). Man muss schauen, was die jeweilige Kunst in Bezug auf die kulturellen Regeln und Werte sagt und bewirken kann.

Wenn Kunst mit seiner Botschaft das Individuum von kulturellen Zwängen befreit, seine sozialen Gebundenheit ignoriert, wenn Kunst hilft, dass sich Mensche aus der kulturellen Landschaft verabschieden können, dann ist es Kitsch - oder Antikunst!

Problematisch wird es natürlich in hohem Maß, wenn es bei der Vermarktung von kunstähnlichen Produkten Bücher, Filme, Fernsehen etc. nur noch um den Profit geht. Man liefert den Massen nicht nur das Einfache, was sie haben wollen, weil sie es verstehen können, sondern auch das, wofür sie sich eigentlich schämen, dass sie es wollen.

Die kunstvermarktende Industrie knackt vorauseilend die Tabus und andere Hemmnisse, die die Massen womöglich abhalten könnten, Kulturloses zu konsumieren.

Übrigens ist auch die Elite der hoch entwickelten Staaten wohl kaum noch als 'kulturtragend' zu bezeichnen.

Jedenfalls entfaltet die ökonomische wie auch die intellektuelle Elite keinerlei Eifer mehr in dieser Richtung. Bestenfalls müht man sich selbst um eine gewisse Kultur, um sein Anderssein dokumentieren zu können - sich von den Massen abzuheben.

Aber der einstige missionarische Eifer von Bildungsbürgertum und Aufklärung, auf die Massen kulturstiftend einzuwirken, ist doch sehr ermattet.

Also:

Kunst - wenn sie denn Kunst ist - reflektiert das Leben der Gruppe und bewertet das Tun der Gruppenmitglieder und die äußeren Feinde der Gruppe. Die, die der Gruppe schaden - innere und äußere Schädlinge!- , werden als Böse dargestellt die anderen sind die Guten!

Manchmal erfindet die Kunst in Ermanglung von lebendigen Guten den Guten als Vorbild.

Manchmal erfindet die Kunst das Böse, um die Gruppenmitglieder abzuschrecken.

Aber wenn Kunst 'Kunst' sein will, dann besitzt sie eben einen Bezug zur Kultur der Gruppe und richtet darüber, wer oder was dieser Kultur dient oder ihr schadet.

Das ist ihre evolutionäre Aufgabe. Kunst ist ein Mittel, um die Gruppe stark zu machen und zu erhalten. Kunst selektiert in kulturvolles und in kulturloses Verhalten. Tut sie das nicht, ist es nur noch Handwerk, Design, Unterhaltung oder Dekadenz, also Kitsch.

Wehe, wenn die Künstler keinen Mut mehr haben, zu bewerten!

Wehe der Gruppe, die von der Kunst gar nicht mehr erfahren will, wer denn gut und wer böse ist.

62. These:
Echte Kunst ist für die Gruppe auch immer irgendwo unbequem.

Und sie muss es sein!
Und die Gruppe muss ein Bewusstsein dafür entwickeln, dass es die Kunst geben muss, damit die Gruppe sozial nicht degeneriert.

BARRY GEWEN schreibt in einem Aufsatz 'Kunst und Kritik' ('Merkur' Heft 5, Mai 2006):
'1974 ließ sich Chris Burden auf dem Dach eines Volkswagens kreuzigen. Er schuf ein Kunstwerk. Ein Jahrzehnt später inszenierte Hermann Nitsch eine dreitägige Aufführung, bei der die Teilnehmer Stiere und Schafe ausweideten und in Fässern herumstampften, um das Blut und die Eingeweide mit Trauben zu vermischen. Noch ein Kunstwerk. Rafael Ortiz schnitt einem Huhn den Kopf ab und schlug mit dem Kadaver auf eine Gitarre ein. Ana Mendieta köpfte ebenfalls ein Huhn und ließ das Blut über ihren nackten Körper spritzen; voriges Jahr zeigte das Whitney Museum of American Art in New Yorck eine Ana-MendietaRetrospektive. In einem Kommentar hieß es: `Tiere sind nicht sicher in der Welt der Kunst`.
Die Künstler auch nicht. Sie haben sich mit Rasierklingen aufgeschlitzt, Nadeln in die Kopfhaut gesteckt, sich nackt über Glassplitter gewälzt, ließen sich an Fleischerhaken aufhängen und chirurgische `AktionskunstOperationen` an sich vornehmen... 1989 nagelte Bob Flanagan seinen Penis auf ein Holzbrett... Ist die Welt der Kunst verrückt geworden?'

Er zitiert außerdem:

HAROLD ROSENBERG: 'Die Künste unserer Epoche steckten in einer tiefen Krise.' Niemand vermochte mehr mit Sicherheit zu sagen, was ein Kunstwerk war und was nicht.

'Heute existiert die Kunst zwar, aber ihr fehlt der Existenzgrund.'

'Es ist möglicherweise an der Zeit nicht die Kunst, aber die Kunstkritik aufzugeben, aus der ohnehin kaum mehr als Einkaufsberatung geworden ist.'

JAMES ELKIN: 'Vor allem aber haben die Kritiker aufgegeben, Kritiker zu sein.'

ARTHUR C. DANTO: 'Die Kunstwelt ist Modell einer pluralistischen Gesellschaft.

Wer außer mauligen Priestern und banausischen Politikern könnte gegen die Freiheit der Kunst sein?'

'Ein Wiener Künstler, Günter Brus, führte ein inzwischen berühmt... gewordenes Werk auf, in dem er auf der Bühne urinierte und defäkierte und dann unter dem Absingen der österreichischen Nationalhymne masturbierte.'

Wenn man an den oben umrissenen Kunstwerken einen Protest festmachen könnte, könnte man anfangen nachzudenken, ob das doch alles etwas mit Kunst zu tun haben könnte.

Protest ist durchaus eine Grundübung von echter Kunst.

Es scheint allerdings bei dieser oben aufgeführten 'Kunst' lediglich um Sensation zu gehen. Auffallen um jeden Preis. Fortsetzung der Marktwirtschaft mit anderen Mitteln.

Anderseits - Kunst reflektiert und reagiert auf gesellschaftliche Verhältnisse. Der Ausdruck 'spiegelt' wäre zu eng.

Unter diesem Aspekt von Reagieren könnte natürlich die oben aufgeführte moderne Kunst doch als Kunst eingestuft werden. Sie reflektiert unbewusst (nicht aus aktivem Protest) gesellschaftliche Befindlichkeiten und Pervertierungen.

Vielleicht entlarven solche Kunstwerke die Gesellschaft, zeigen ihre geistige Armut, den geballten Verlust an kulturellen Werten und Idealen.

Es ist Antikunst, aber eben doch Kunst - durch den Bezug zur Kultur. Unbeabsichtigte Provokation!

Kunst verkörpert Werte und Ideale und zeigt sie in ihrer erstrebenswerten (auch in ihren verletzten) Zuständen.

Kunst übersetzt die Kultur einer Gesellschaft in Wort, Bild, Ton und Stein - oder eben in Müll!

Nebenbei:

Die legendäre '10.Kunstausstellung der DDR' in Dresden Ende der achtziger Jahre, war wie auch die vorherigen schon, doch in noch höherem Maß ein wirkliches intellektuelles Massenereignis. Dort schieden sich die Geister, dort traf man die Schönfärber und die Radikalinskis und alles, was dazwischenmalte!

Man lief mit Gänsehaut durch die Säle, erschüttert, von der geistigen Provokation, von der Ernsthaftigkeit der Auseinandersetzungen. Das war Kunst an der Front gesellschaftlicher Widersprüche!

Historisch einmalig. Unerreicht in dieser Breite. Offener Schlagabtausch.

Und die führenden Genossen ließen sich führen, teilweise durch die Säle, teilweise an der Nase herum. Einige Bilder (oder Werke) wurde einfach ignoriert, andere des Saales verwiesen.

Da war eine Künstlergeneration am Werke, die sich ihres Auftrages bewusst war, Künstler sein!

Das war Einmischung in alle Bereiche des Lebens.

Wie lächerlich demgegenüber die moderne westliche Kunst. Kleinkarierte Schmierereien um die Gunst des Marktes. Prostitution!

In einer Gesellschaft, wo die Kultur stirbt, die Werte und Ideale sämtlich zu Markte getragen werden, kann die Kunst nur noch Müll hervorbringen.

Und was ist mit den Künstlern?:

Die Künstler müssen grundsätzlich entsprechend der Funktion von Kunst ein Doppelleben führen. Primär sind sie natürlich Mitglieder einer Gruppe und unterliegen den Regeln der herrschenden Kultur.

Aber sekundär müssen sie sich aus dieser Abhängigkeit befreien - oder sich über sie erheben können - und sie wie ein Außenstehender betrachten.

Nicht selten sind Künstler deshalb auch tatsächlich versucht, ein Leben zu führen, welches nicht den allgemeinen Normen entspricht. Das Außenseiterleben hilft ihnen, sich einen neutralen und kritischen Blickwinkel auf die Gesellschaft und ihre Kultur zu verschaffen.

Dieser Absonderungsprozess der Künstler wird natürlich stark unterstützt, wenn der Künstler nicht mehr im allgemeinen Reproduktionsprozess der Gesellschaft eingebunden ist; wenn ihm die Gesellschaft die Mittel zur Verfü-

gung stellt, die er für sein Leben benötigt und als Gegenleistung nur Kunst verlangt.
Die Mitglieder einer Kultur, die sich also aus dem normalen Leben und ökonomischen Schaffen der Gruppen herauslösen - durch Talent und Zufall -, um sich nur noch (oder wesentlich stärker als andere), der Produktion von Kunst zu widmen, bleiben aber Teil der Gruppe. Sie können nur existieren, wenn sie in der Gruppe, durch die Masse akzeptiert werden.
In den frühmenschlichen Gruppen sind alle Mitglieder der Gruppe an der Rezeption der Kunstwerke beteiligt.

Kunst ist Wertung. Kunst bewertet die Gegenstände ihrer Darstellung nach gut und schlecht. Den Maßstab findet der Künstler in sich. Mehr oder minder bewusst, mehr oder minder spontan.

63. These:
Der Künstler ist ein Medium der Kultur einer Gesellschaft.

Und nur wenn der Künstler das Schönheitsideal seiner Kultur teilt, wird seine Darstellung von Schönheit in der Gesellschaft Anerkennung finden.
Ebenso bei anderen Werten und Idealen.
Schön und hässlich sind die Grundgegensätze in der darstellenden Kunst. Gut und böse in der Literatur. Im Film mischt sich beides. Die Musik entlehnt ihre Spannung aus dem Kontrast von Harmonie und Disharmonie.

Erst im weiteren Verlauf der Arbeitsteilung, der Herausbildung von ökonomischen Hierarchien, des Wachsens von Besitzunterschieden (Besitz materieller sowie ideeller Werte) kam es dazu, dass nicht mehr alle Mitglieder der

Gruppe gleichberechtigt die Kunstproduktionen genießen
(oder sich mit ihnen auseinandersetzen) konnten.

**Der Künstler wollte leben und musste bezahlt werden.
Und zahlen konnte nur der ökonomisch Starke. Kunst
wurde zur Ware.**

Die Korrumpierung der Künstler war eine direkte Folge
ihrer ökonomischen Abhängigkeiten.
Die Kunst redet dem Starken zum Munde.
Beziehungsweise der Starke und Reiche verbittet sich ein-
fach von der Kunst, an den Pranger gestellt zu werden.
Sonst zahlt er eben nicht mehr! Das ist das Ende der
Kunst, und der Anfang vom Ende einer Kultur.

Eine Gesellschaft lässt die Kunst zu, die ihr dient und ihr
entspricht.
Kritische Kunst kritisiert und wertet im Sinne der Existenz
und Glaubensgrundsätze der Gesellschaft, im Sinne ihrer
Kultur, um die Kultur vor Schaden zu bewahren.
Kunst, die die Kultur einer Gesellschaft vom Kern her ablehnt und kritisiert, ist intellektuell.
Kunst, die die Kultur einer Gesellschaft reflektiert und
unbewusst entlarvt, sich also eigentlich voll an die herrschenden Spielregeln hält, ist naive Kunst.

Es ist wohl heutzutage eine Art naive Kunst, die Aufsehen
erregt und sich erstaunlicherweise auch vermarkten lässt.
Die Botschaft von der Dekadenz der Gesellschaft wird nur
indirekt und höchst verschlüsselt übermittelt, so dass man
dieses anarchistische Element der modernen Kunst ignorieren kann. Man schwätzt einfach irgendwelchen Stuss
daher und kann als Kunstkenner gelten.

Frage:

Moderne Kunst - Zeichen der Dekadenz oder Symbol des Wohlstandes?

Was ist dem Käufer von Kunst wohl wichtiger - das Werk, das er eh nicht begreift, weil es nichts zu begreifen gibt, oder die eigene Kaufkraft, die sich im Werk manifestiert?

Ein Bürger, der mit seiner Gesellschaft einverstanden ist, sie nicht ablehnt, der allgemeine Mitläufer, der patriotische Gefühle (vielleicht im Zuge einer Fußballweltmeisterschaft) jeglicher Rebellion vorzieht, kann die zeitgenössische Kunst natürlich nicht als Kunst akzeptieren.
Diese Kunst, die ein Reflex auf den Zustand der Gesellschaft darstellt, ist sein Feind. Er spürt die Botschaft dieser Kunst - Agonie!
Er ist ja nicht der gleichen 'Ansicht' wie diese Kunst. Diese Kunst wertet nicht nach seinen Maßstäben. Diese Kunst beschmutzt seine Welt. Diese Künstler gehören eingesperrt!

Die objektiv notwendige - evolutionär unverzichtbare - kritische Funktion der Kunst erfüllen immer nur wenige Künstler. Und die werden nicht selten mundtot gemacht. Wobei solche Stänker noch froh sein können, wenn es bei der Mundtotmachung bleibt.
Es kam schließlich im Laufe der Zivilisation nicht selten soweit, dass tatsächlich die Masse von der Kunstrezeption weitestgehend ausgeschlossen war und die herrschenden Schichten, die die Kunst bezahlten, eine Kunst bekamen, die sie haben wollten. Die Funktion der Kunst als Hüter und Verkünder der Kultur wurde zu Schall und Rauch. Die Kultur verschlampte!

Dass mit zunehmender Dauer der Entfernung der Massen von Kunstprodukten auch die Genuss und Aufnahmefä-

higkeit dahinschwindet - das Verständnis für die Botschaften von Kunst -, das ist sicher zwangsläufig, niemals aber notwendig!
Von wirklicher - also kritischer Kunst -, die kulturbezogen wertet und mahnt, kann und konnte kaum je ein Künstler leben. Die zivilisierten Gesellschaften verloren in den letzten Jahrhunderten zunehmend das Interesse an wirklicher Kunst und an solchen Künstlern!
Man bewundert zwar gern, die großen Künstler vergangener Epochen, die ihr Leben nicht selten der Kunst bis zum Verrecken opferten, aber die zeitgenössischen Künstler...?
Danke!

64. These:
Keine Gesellschaft liebt Aufseher, Kritiker, Besserwisser! Echte Kunst ist lästig!

Gut, ein paar Kunstkasper lässt man noch durchgehen, aber wirkliche Künstler, die die Gesellschaft täglich mit all dem Bösen, Schlechten und Irrwitzigen, das immer und überall blüht, konfrontieren, stellt man lieber kalt.
Man lässt sie notfalls verhungern, wenn sie nicht aufhören, rumzumeckern. Echte zeitgenössische Kunst will niemand!

So erklärt sich, dass oft die Außenseiter einer Gesellschaft zu kritischen Künstlern wurden, oder umgekehrt, kritische Künstler nur bei Außenseitern der Gesellschaft Anerkennung finden.
Mit der Ausprägung der Zivilisation und ihrer Hierarchien beginnt die Kunst ihre Aufgaben zu vernachlässigen.
Teilweise wird sie dazu gezwungen. Halb zog sie ihn, halb sank er hin!

Zum anderen entwickelt die Kunst Mittel und Formen, um ihrer Funktion doch gerecht zu werden. Sie verschlüsselt ihre Botschaften. Bis zur Unkenntlichkeit. Bis zur absoluten Sinnlosigkeit. Oder sie zieht sich auf Formalismus, Dekoration, Unterhaltung und Handwerk zurück.

Dabei sei nichts gegen Handwerk gesagt. Handwerk ist Grundlage jeder Kunst. Künstlerische Aussagen werden immer von der Form, vom handwerklich bearbeiteten Material getragen. Kunst kann die Form nicht verlassen. Es ist ein dialektisches Verhältnis. Aber die Form kann sich verselbständigen.

In der Malerei der Moderne (oder auch Postmoderne) war der Versuch, die Kunst vom Inhalt zu befreien, kennzeichnend.

Statt mit Inhalt versuchte man mit den Formen Sensationen zu schaffen, Schocks auszulösen.

Geistiger Dünnschiss zur willkürlichen Interpretation freigegeben.

In der Musik scheint die Phase der Formlosigkeit in die absolute Sackgasse geraten zu sein.

Die Literatur hat dem Versuch auf Inhalte zu verzichten, ebenfalls nicht widerstehen können. Erinnert sei an 'Dadaismus' oder andere Schreibübungen, die auf das Erzählen von Geschichten, auf das bilden sinnvoller Sätze bewusst verzichteten. Allerdings waren diese literarischen Versuche ähnlich, wie bestimmt Versuche in der bildenden Kunst und in der Musik durchaus von einer gesellschaftskritischen Grundhaltung.

Die wahre Abkopplung der Form vom Inhalt erfolgt mit der Massenliteratur, mit dem Schund die sich zwar lesen lässt, in denen auch bestimmt Geschichten erzählt werden, wo aber keinerlei kulturtragende oder kritische Funktion ausgeübt wird, bzw. werden will.

Der Buchmarkt ist überschwemmt mit kulturzerstörenden Machwerken. Mensche, die mit dieser dort vermittelten Kultur aufwachsen müssen, kann man nur bedauern. Aber vorsorglich sollte man schon die Kapazitäten von Strafvollzugsanstalten und psychiatrischen Kliniken erhöhen.

EVA KARCHER 'Der wahre Wert', Süddeutsche Zeitung, 19./20.8.2006
'Neben dieser, auf Börsenspekulanten zugeschnittenen Kunst gibt es inzwischen auch spezifische Corporate Art-Kunst, für Unternehmen maßgeschneiderte Bilder und Skulpturen. Diese Kunst soll nur eines möglichst nicht sein: kritisch.
Wo sind sie also, die Werke, die aufrütteln, den Blick schärfen, die Wahrnehmung verändern? Wie kann Kunst heute politisch wirksam sein, ohne sich dem Markt zu verweigern? Denn dann wäre sie weitestgehend wirkungslos und damit unpolitisch...
Alles ist Markt und damit Vermarktung. Mit einer Unersättlichkeit verleibt sich der Markt auch seine Gegner ein. Er macht Widerstand konsumtauglich und nivelliert Tabus für Werbekampagnen.'

65. These:
Ohne echte Kunst stirbt eine Kultur. Und ohne lebendige Kultur muss eine Gruppe untergehen.

VI - MEHRHEIT oder WAHRHEIT

Künstliche Intelligenz 2024 - "ChatGPT":

Die Definition von Wahrheit variiert je nach philosophischem, wissenschaftlichem und alltäglichem Kontext. Hier sind einige der wichtigsten Ansätze zur Definition von Wahrheit:

1. ***Korrespondenztheorie der Wahrheit:***
   o *Diese Theorie besagt, dass eine Aussage wahr ist, wenn sie mit der Realität oder den Tatsachen übereinstimmt. Ein klassisches Beispiel wäre die Aussage "Der Schnee ist weiß", die wahr ist, wenn der Schnee tatsächlich weiß ist.*

2. ***Kohärenztheorie der Wahrheit:***
   o *Nach dieser Theorie ist eine Aussage wahr, wenn sie kohärent in ein System von Aussagen passt. Das bedeutet, dass die Wahrheit einer Aussage davon abhängt, wie gut sie mit anderen Aussagen und Überzeugungen übereinstimmt.*

3. ***Pragmatistische Wahrheitstheorie:***
   o *Diese Theorie betrachtet die Wahrheit im Kontext der Nützlichkeit und der praktischen Konsequenzen einer Aussage. Eine Aussage ist wahr, wenn sie in der Praxis funktioniert oder zufriedenstellende Ergebnisse liefert.*

4. ***Konstruktivistische Wahrheitstheorie:***
   o *Laut dieser Theorie ist Wahrheit ein soziales Konstrukt, das durch gesellschaftliche Prozesse und Diskurse erzeugt wird. Wahrheit ist also nicht objektiv, sondern*

abhängig von kulturellen und sozialen
Kontexten.

5. **Korrespondenztheorie der Wahrheit (Moderne Interpretation):**
   o *Diese moderne Variante besagt, dass eine Aussage wahr ist, wenn sie durch verlässliche Methoden der Wissensgewinnung (z.B. wissenschaftliche Methode) bestätigt wird.*

6. **Redundanztheorie der Wahrheit:**
   o *Diese Theorie, auch als Deflationismus bekannt, behauptet, dass die Zuschreibung "wahr" keine zusätzliche Bedeutung hat. Zu sagen "Es ist wahr, dass Schnee weiß ist" ist nicht mehr als zu sagen "Schnee ist weiß".*

7. **Subjektivistische Wahrheitstheorie:**
   o *Diese Theorie betont, dass Wahrheit subjektiv und individuell ist. Was für eine Person wahr ist, muss nicht unbedingt für eine andere Person wahr sein.*

Jede dieser Theorien versucht, verschiedene Aspekte und Herausforderungen der Definition von Wahrheit zu adressieren. In der Praxis wird oft eine Kombination dieser Ansätze verwendet, je nach dem spezifischen Kontext und den Anforderungen der Situation.

Wahrheit gibt es nicht ad hoc. Wahrheit muss sich im Bewusstsein der Mensche konstituieren. Die Dinge der Welt, die Formen und Bildungen der Materie, sind nicht wahr oder falsch, sondern objektiv.

Wahrheit ist eine Eigenschaft von Erkenntnissen über die Dinge und deren Wirkungsweise... - und deren Nutzbarkeit für die Existenz der Mensche.

Wahrheiten sind enthalten in Gesetzen, Formeln, Technologien, Rezepten, Packungsbeilagen, Überzeugungen, Ideologien... usw.
Und es gibt Wahrheiten, die als solche gelten, weil große Mehrheiten sie als wahr erachten, aber keine sind, weil das, was da als wahr gilt, nicht zum guten Zweck, zum Nutzen der Mensche führt.

Deshalb gibt es nicht nur Wahrheit, sondern wahre Wahrheit und falsche Wahrheit.
Wahrheit ist - im Gegensatz zu den objektiven Bildungen der Materie - nicht objektiv!

66. These:
Wahrheit ist mehrheitsabhängig.

SÖREN KIRKEGAARD (1813-1855):
'Die Wahrheit ist immer in der Minderheit.'

Ja, zumindest am Anfang!

Natürlich kann sich eine Wahrheit über die Zeit hinweg Mehrheiten erobern.
Das ist der natürliche Weg.
Ein langer Weg oft. Und oft eben tödlich für die zarte Wahrheit, die da aufdämmern möchte.

Die in der Natur durch Mutationen entstehenden Minderheiten, die sozusagen, einen neue Wahrheit in sich tragen - eine neue Dimension der genetischen Konstellation bei-

143

spielsweise - sind ihrem Dasein als Minderheit rettungslos ausgeliefert.

Sie können ihre Rolle als Minderheit nicht abstreifen und sich geflissentlich auf die Seite der Mehrheit schlagen, um Ruhe und Frieden finden zu können.

Sie müssen ihr Schicksal als Minderheit ertragen und um ihr Überleben kämpfen.

Individuen, Mensche, die sozusagen, intellektuell mit der Erkenntnis einer Wahrheit geschlagen werden, haben hingegen manchmal eine Wahl. Sie können im Notfall bevor man sie wegen unliebsamer Wahrheitsverkündung auf dem Scheiterhaufen verbrennt, widerrufen.

Oder von vornherein ganz vorsichtig sein mit der Verkündung.

Zur Erinnerung:
Evolution findet nicht demokratisch statt.
Evolution ist die Diktatur der Starken ('the fittest')!
Die Schwachen dienen als Futterreservoir und Stabilisator der herrschenden Situation.

Aber:
Es sind die Minderheiten innerhalb der Gruppen, die die Evolution voranbringen, die Sprünge machen, mutieren, ein neues Niveau erreichen.

Ob sich letztlich eine durch Mutation hervorgegangene Minderheit auch durchsetzen kann in der Gruppe, bleibt dabei immer offen.

Wieviel mutierte Minderheiten gnadenlos ausgerottet werden, bevor sich eine etablieren kann, ist nicht vorhersagbar.

Zweifelfrei wird es auch immer zu Mutationen kommen, die sich für die Stärke der Gruppe nicht positiv auswirken, sie vielleicht gar schwächen könnten.

Macht es womöglich die Evolution den mutierten Minderheiten auch deshalb so schwer, zu überleben und sich zu entwickeln, weil eben Mutationen auch negative Ergebnisse zeitigen können - schwächende Wirkungen haben können?

Jedenfalls müssen die **Mutanten** sehr viel Glück haben, wenn sie nicht vernichtet werden wollen - egal ob sie positiv wirken könnten, oder nicht.

Nochmal:
Nicht jede Mutation ist für die Stärke der Gruppe von vornherein von Vorteil.

Der Widerstand der Mehrheiten gegen mutierte Minderheiten ist deshalb - mit Recht - enorm.
Wie oft aber selbst eine positiv gerichtete Minderheit tot gehackt wird, bevor sie überlebt... man weiß es nicht!
Es ist das Schicksal der Minderheiten.

Warum passiert es eigentlich nur so selten, dass ein mächtiger Diktator vom Drang nach Wahrheit beseelt wird?
Die starken Diktatoren hätten die besten Möglichkeiten, den Wahrheiten auf die Beine zu helfen, ohne Vernichtung fürchten zu müssen.
Aber wahrscheinlich sind Diktatoren in der Realität nur höchst selten wirklich unabhängige Herrscher. Meist sind sie doch verstrickt in Netzwerke von Gruppen, Grüppchen, Cliquen, Geheimbünden, Familien...

Was ist Wahrheit eigentlich?

Die Erkenntnisse sind die Grundlagen für Wahrheiten.
Das Mensch erwirbt und sammelt sie - wie jedes biologische Wesen - unentwegt in der Praxis. Der Umschlag in
eine Wahrheit, die als solche auch anerkannt wird, **weil
sie sich in der Praxis bewährt hat**, erfolgt aber erst,
wenn sich eine Mehrheit der Wahrheit bemächtigen konnte, bzw. von der Wahrheit überwältigt wurde.
Bei den nicht zur Selbstreflektion fähigen Lebewesen ero-
bert sich eine Wahrheit die Mehrheit automatisch, indem
sie sich als vorteilhaft im Überlebenskampf herausstellt.

Die Tatsachen - also, etwas Existierendes, was konkrete
Eigenschaften besitzt! - stellen eine Wahrheit dar, und
sind nicht falsch oder richtig. Erst das Urteil über die Tatsache kann falsch (Irrtum) oder richtig (Wahrheit) sein.
Lüge ist ein ein vorsätzliches Fehlurteil und kommt nur
bei den Menschen vor.

ARISTOTELES:
'Falsch ist es, vom Seienden zu sagen, es
sei nicht, und vom Nichtseienden, es sei. Wahr ist es, vom
Seienden zu sagen, es sei, und vom Nichtseienden , es sei
nicht. Also wird jeder, der sagt, etwas sei, oder sagt, etwas
sei nicht, entweder wahr oder falsch reden....'
Es ist nämlich dies: du bist nicht deshalb weiß, weil wir
der Wahrheit gemäß annehmen, du seiest weiß; sondern
weil du weiß bist, deshalb reden wir wahr, wenn wir das
behaupten...'

Aber das Mensch gefällt sich zu oft darin, die wahren
Wahrheiten zu ignorieren, anzuzweifeln und ad absurdum
zu führen. Viel interessanter ist es schließlich, sich in
Vermutungen und Spekulationen zu ergehen.

Die Theoretische Physik, deren Erkenntnisse die Philosophie in den letzten Jahrzehnten stark beeinflusst haben, ist - wie gesagt - eine Art von 'abstrakter Kunst' geworden, die sich nicht selten bereits auf dem Weg in Richtung Religion befindet.
Wenn der Theoretische Physiker den vorinstallierten Hypothesen nicht glaubt, passt in den Theorien letztlich nichts mehr zusammen.

Der Glaube an die Hypothese ist die Stütze der Theorien. Eine neue Religion!

Jaja... - der liebe Gott ist die Lichtgeschwindigkeit. Sein Bungalow steht gleich hinterm Urknall.

Die wahren Wahrheiten gehen selten direkt in die Philosophie ein.
Es gibt und gab zu allen Zeiten immer die verschiedensten Denker und Gedankengebäude, die es sich zwischen den Wahrheiten bequem machen konnten.

Zum anderen bemächtigt sich nun das Mensch seinerseits mit Vorliebe und List - seit jeher! - stets der Gedanken, die ihm am angenehmsten sind. Jene Gedanken also, die die eigenen Bestrebungen am wenigsten behindern, oder sie gar befördern, tragen, begründen können!

Die Mächtigen wählten immer die Philosophie, die ihre Machtbefugnisse nicht in Frage stellte. Anders zu wählen wäre auch ziemlich dämlich!

Eine Philosophie - allein auf den wahren Wahrheiten fußend - , die nicht auf die egoistische Gegenliebe einer größeren Gruppe von Menschen trifft (Menschen mit meist gleicher ökonomischer oder ideologischer Interessenlage!), wird nicht blühen können. Sie wird dahinsiechen oder absterben.

Nein, was wir brauchen, ist eine sachliche Betrachtung der Welt. Realismus bis zum Erbrechen! Dann könnte man vielleicht erkennen, was wirklich wichtig ist.
Und viel Zeit wäre vonnöten, dass das, was man weiß, dass das, was bereits gedacht wurde und sich als wahre Wahrheit erwiesen hat, in die Köpfe der Massen zu bringen - unters Volk!
Aber das angehäufte Wissen liegt nutzlos und brach in den Bibliotheken herum. Oder schlimmer noch:

67. These:
Die einfachen Wahrheiten sind im Ozean von Traktaten, Aufsätzen und Abhandlungen oft nicht mehr auffindbar.

Das Spezialwissen in den verschiedenen Wissenschaften, die Verfeinerungen der Problemstellungen und Lösungen machen universelle Bildung unmöglich.
Die Bibliotheken und andere Wissensspeicher (einschließlich Internet und Künstliche Intelligenz) werden immer umfangreicher und die Mensche werden immer blöder.

Künstliche Intelligenz könnte es schaffen, alles an Wissen zu speichern (bzw. gezielt darauf zugreifen zu können), aber ihr wird die Phantasie fehlen, zu selektieren.

Und es werden Mensche fehlen, die der KÜNSTLICHEN INTELLIGENZ die richtigen Fragen stellen.

Desto größer ist womöglich die Chance und Pflicht der Philosophie, nicht selbst sich in den Untiefen zu verlieren, sondern im Ozean des Wissens der Leuchtturm zu sein.
Philosophie sollte also dazu dienen, die sicheren Fahrrinnen anzuzeigen, in denen man als Individuum, als Gesellschaft, als Wissenschaft an das Ufer gelangen kann. In den Hafen.
Dorthin, wo man ankern kann.
Wo man sein Leben so einrichten kann, dass man am Ende des Lebens zwar feststellen wird, dass das Leben ein kurzer Spaß war - sinnlos sowieso! - aber dass man das Beste daraus gemacht hat - für sich, seine Kinder und alle die, die noch kommen werden.

Dass man kein Spaßverderber war!

In der Evolution vor Auftauchen der Mensche, gab es nur Tatsachen. Keiner fragt nach Wahrheit.
Die Lebewesen waren wie sie waren und veränderten sich in jede Richtung… mutierten… und manche Mutanten wurden Keimzelle einer neuen, stärkeren Existenzform.
Das passierte unentwegt - und immer, ohne dass jemand darüber wachte oder urteilte.

Aber - alle Lebewesen haben eine Begabung, Wahrheiten zu erkennen. Sie können lernen, was ihnen hilft, zu überleben. Was ist giftig? Was macht satt?

Diese Wahrheiten vermitteln die Lebewesen ihrer Nachkommenschaft, geben sie auf verschiedene Art und Weise - teilweise auch genetisch - weiter.

68. These:
Wahrheiten sind Zusammenfügungen von Erkenntnissen, die aus der Wechselwirkung mit der Praxis ent-

stehen und sich dabei in der Evolution als erfolgreich erweisen.

Nun gibt es sicherlich die großen Wahrheiten, wie z.B. - *die Erde ist eine Kugel* - und dann die kleinen Wahrheiten, wie z.B. *Obst ist gesund* oder *Liebe macht blind.*
Aber auch bei den kleinen Wahrheiten gilt die Regel - sie müssen mit den Erfahrungen übereinstimmen; sie müssen sich in der Praxis bewähren; sie müssen (bei den denkfähigen Lebewesen) geplantes Handeln ermöglichen, nämlich - zum geplanten Ziel führen.

Das Mensch ist denkfähig.

Es scheint, dass es in der sozialen Umwelt der Mensche kleine Wahrheiten (Wahrheiten, die kaum umfangreichere Bildung voraussetzen) tatsächlich weniger schwer haben, anerkannt zu werden, als die großen Wahrheiten.

Anders gesagt:
Die kleinen Wahrheiten bekommen leichter eine Mehrheiten, weil sie leicht (oder scheinbar leicht) überprüfbar sind.
Obst ist gesund!
Alkohol ist schädlich!
etc.

Nur, etwas wissen allein, ist noch nicht segensreich.
Die Wahrheit muss Eingang in das Handeln der Mensche finden.

69. These:
Auch Lügen können stabile Wahrheiten sein.

*Z.B.: Gott existiert! Oder Spinat enthält viel Eisen! O-
der...*

Wenn es hinreichende Mehrheiten gibt, können Lügen zur
unantastbaren Wahrheit werden.
Und man glaubt auch manchmal, in der Praxis die Beweise finden zu können, dass die Wahrheit, die eigentlich eine
Lüge ist, wahr ist.

**Es gibt also wahre Wahrheiten und es gibt falsche
Wahrheiten, die nur deshalb als Wahrheit gelten, weil
sie mehrheitlich für wahr erachtet werden.**

Neben der wahren Wahrheit gibt es natürlich auch noch
die Ware 'Wahrheit'.
Wenn man genügend Geld einsetzt, kann man es schaffen,
der ganzen Welt einzureden, dass Geiz geil ist, oder dass
man bei McDonalds gut essen kann, oder dass die Ameri-
kaner auf dem Mond waren (und vielleicht waren sie es ja
auch).

Übrigens.
Auch solche Lügen sind - wie die richtigen Wahrheiten,
die aus der Erkenntnis von Zusammenhängen entstehen -
am Anfang klein und mickrig.

70. These:
**Wenn die Lüge die Massen ergriffen hat, wird sie zur
Wahrheit.**

Diese Feststellung ist natürlich in Anlehnung an KARL
MARX formuliert - "Wenn die Idee die Massen ergreift,
wir sie zur materiellen Gewalt!"

Dieser Mechanismus gilt eben nicht nur für Lügen.

Den wahren Wahrheiten geht es ebenso. Sie müssen sich erst Mehrheiten erobern, bevor sie Anerkennung findet. Deshalb ist es nicht unmöglich, allein an Hand der Mehrheitsverhältnisse zu entscheiden, was Wahrheit und was Lüge ist.

Millionen Fliegen können nicht irren - Hundekot ist ein Leckerbissen!

Natürlich entspricht es nun den Spielregeln der Evolution, dass sich wahre Wahrheiten möglichst schnell durchsetzen müssen, wenn sie neue Impulse für die Stärke der Gruppe, für die Durchsetzungsfähigkeit der Gesellschaft gegen andere bewirken sollen.

Die Gesellschaften, die an der Spitze des wissenschaftlich-technischen Fortschritts stehen, sind die stärksten; haben einen Wettbewerbsvorteil gegenüber den Gesellschaften, die an veralteten Produktionsweisen fest hängen. Wichtig ist der Teil an wahren Wahrheiten, die sich in Mehrheiten umgeschlagen haben. Nur die bringen eine wirkliche Stärkung der Gruppe im Sinne der Evolution hervor.
Wenn sich nur kleine Eliten in wahren Wahrheiten baden, kann das eher zur Schwächung, nämlich zur Spaltung der Gruppe führen.

Gefährlich für die Gruppenstärke sind darüber hinaus natürlich die Lügen, die als Wahrheiten gelten.
Gilt beispielsweise Wodka als ein unbedingt zur Geselligkeit gehörendes Getränk, nehmen die Säufer überhand.
Eine Gesellschaft mit wenigen Säufern - weil eben allgemein anerkannt ist, dass Saufen schadet -, muss nicht soviel Geld für die Heilung von Leberzierrose ausgeben und

kann mehr in die Bildung investieren - ist letztlich also stärker, als die Gesellschaft mit Säufern.
Weitere und bessere Beispiele zu finden, dürfte kein Problem sein.

Fakt ist:

71. These:
Wahre Wahrheiten beschleunigen die produktiven Kräfte einer Gesellschaft und damit die Evolution, wenn sie sich Mehrheiten erobern können.

Es gilt und galt schon immer für alle menschlichen Gruppen, möglichst viele wahre Wahrheiten in die allgemeine Kultur einfließen zu lassen, um sie zur allgemeinen nutzbringenden Verwendung zur Verfügung zu haben.
Die Gruppe muss sich in der Praxis beweisen.
Die Organisationsstrukturen der Gruppe, die Staats und die Regierungsformen der Gesellschaft beeinflussen nun ganz wesentlich, ob und wie schnell eine wahre Wahrheit als solche akzeptiert und wie intensiv sie dann in die Gruppe eingespeist wird.

72. These:
Zu den wahren Wahrheiten gehören auch die Produktionsmethoden, die Technik, die Wissenschaft... die Philosophie... die Kunst...

Träger einer wahren Wahrheit (einer Wahrheit, die sich in der Praxis aber vielleicht erst noch bewähren muss) sind anfangs immer in der Minderheit.
Aber nicht selten glaubten sich Minderheiten im Besitz einer wahren Wahrheit, die sich dann später in der Praxis als Irrtum entpuppte.

Ein gewisser Widerstand gegen das Aufkeimen von Wahrheiten, die sich noch nicht als wahr bewiesen scheint, scheint also - wie bereits festgestellt - durchaus gerechtfertigt.

Der lange Weg der Wahrheiten bis zur Anerkennung durch Mehrheiten mag zwar beschwerlich sein, wird vielleicht auch verhindern, dass Mehrheiten die neuesten Wahrheiten als wahr anerkennen, aber er ist nachhaltig und schützt vor krassen Fehlern.

Das, was die Mehrheit der Mensche sich an wahren Wahrheiten zu Eigen macht, ist nie auf dem neuesten Stand, ist immer etwas zurückhängend, verstaubt, angegammelt - aber nie so falsch und so gefährlich, dass akutes Aussterben droht.

Neue, aktivierende, revolutionäre Wahrheiten finden nur dann in der Mehrheit schnell Gehör, wenn die gesellschaftliche Situation in einen Widerspruch geraten ist - nämlich in einen Widerspruch zwischen Gruppenführung und den Interessen der Individuen.

Aber grundsätzlich gilt, dass neue wahre Wahrheiten zuerst von Minderheiten getragen werden.

Aber nicht nur die frischen, neuen wahren Wahrheiten haben es schwer, Mehrheiten zu finden. Alle wahren Wahrheiten - auch die uralten! - setzen sich nur in begrenztem Umfang in der Mehrheiten fest.

Es hängt davon ab, wie es gelingt, die Vermittlung der Wahrheiten in das Bewusstsein der Mehrheiten durchzusetzen. Das Bildungssystem spielt hier heutzutage die entscheidende Rolle. Das Elternhaus weniger, wobei das Elternhaus allerdings unersetzlich für die Vermittlung von ethisch-moralischen Wahrheiten - sagen wir 'Kultur'! - ist.

73. These:
Nur wenige Wahrheiten gehen ins genetische Ge-
dächtnis der Mensche ein.
Und wenn, dann braucht es dazu einiger zigtausend
Jahre schmerzlicher Erfahrung.

Der Bildungsunterschied zwischen den gebildeten Eliten
einer Gruppe und den Massen war in den bisherigen Gesellschaften - und ist gegenwärtig immer noch - riesig.

Wer also in einer demokratischen Gesellschaft von den
Mehrheiten gewählt werden will, darf niemals die neu-
esten Wahrheiten verkünden, sondern genau die, die
die Mehrheiten sich bereits einverleibt haben.
Das gilt auch für künstlerische und wissenschaftliche Bereiche.

Der 'Geschmack', der Bildungsstand der Masse entscheidet über Erfolg und Anerkennung.
Und die Masse besitzt eben leider immer noch und meistens sehr wenig Bildung. Trotz Internet!
Und der Bildungsstand scheint gar zu sinken.

Eine Empfehlung für TV-Sender:
Mach Programme für Idioten, dann stimmen deine Ein-
schaltquoten!

Bildungsprivilegien und Teilhabe am Reichtum gehen
Hand in Hand.

In den westlichen Zivilisationen zeitigt allerdings die so
genannte 'Meinungsfreiheit' schwere negative Auswirkungen für die Verbreitung der wahren Wahrheiten.

155

Die Überzeugung in den westlichen Gesellschaften, dass 'Meinungsfreiheit' ein wichtiges Gut sei, ist eine zur wahren Wahrheit erhobene Lüge.
Anderseits gehen wahre Wahrheiten nicht selten im Dschungel irgendwelcher üppig wuchernden 'freien Meinungen' verloren.

Die Versuche der sozialistischen Gesellschaften, das Bildungsprivileg der Reichen zu brechen und Bildung für alle zu ermöglichen - also, breiteste Massen an wahre Wahrheiten heranzuführen - , sollten gesellschaftlichen Fortschritt und Stärke hervorbringen.
Was nützt es, wenn wissenschaftliche (oder andere) intellektuelle Eliten die schönsten wahren Wahrheiten austüfteln, wenn diese keine breite gesellschaftliche Umsetzung finden?

Doch eine richtige Bildungspolitik alleine macht noch keinen siegreichen Sozialismus.
Auch soziale Absicherung nicht.

Die Produktivitätsantriebe des Profites und der Konkurrenz konnten in den so genannten sozialistischen Ländern nicht annähernd ausgeglichen werden.

Wird die Mehrheit mittels Diktat durch den Starken, den Diktator, zur Anerkennung einer Wahrheit gezwungen, ist das sehr positiv, wenn die Wahrheit sich dann auch wirklich als wahr erweist.
Wenn der Diktator irrt, kann es böse ausgehen für die Gesellschaft.

In der Natur passiert beides - mutierte Minderheiten setzen sich langsam durch und werden zur Mehrheit.

Oder - der Starke mutiert und zwingt den Mehrheiten seine (auch genetische!) Wahrheit auf.
Beide Möglichkeiten können positive Folgen oder auch negative haben. Die Art kann sich besser erhalten und durchsetzen oder aussterben - je nachdem.
In der Evolution wird alles ausprobiert.

74. These:
Auf welchem Weg sich die wahren Wahrheiten durchsetzen - diktatorisch oder demokratisch - spielt in der Natur keine Rolle. Der Zufall würfelt!

Die beste Variante - die am schnellsten wirkende - ist zweifelsohne, wenn der Starke diktiert und Recht behält.
Die sicherste Variante, die das geringste Risiko birgt, ist, wenn sich die wahren Wahrheiten über den Weg zur Mehrheit etablieren müssen.
Die gefährlichste Variante, die zur totalen Kapitulation der Art führen kann, ist, wenn der Starke diktiert und falsch liegt.

Zweifelsohne hat die westliche, demokratisch orientierte Zivilisation, die ein kapitalistisches Wirtschaftssystem besitzt, bisher am besten verstanden, die wahren Wahrheiten für die Gesellschaft nutzbringend umzusetzen. Wissenschaftliche Erkenntnisse werden oft marktwirksam, bevor sie ausgereift sind.
Das Verschließen von wahrer Wahrheit in Panzerschränken, die Behinderung der Ausbreitung durch Markenschutz und Patentrecht ist allerdings auch eine Tatsache und eine Erscheinungsform, die nicht zu den produktiven Momenten der Marktwirtschaft gerechnet werden kann.
Doch der Zwang zum Profit hat letztlich noch (fast) jede Hürde genommen und manchen Panzerschrank gesprengt.

> **Übrigens:**
> Die Erkenntnisse der Raumfahrt in der ehemaligen Sow-
> jetunion, die dafür erforderlichen Technologien und Gerä-
> te fanden in der Wirtschaft der Sowjetunion keinerlei An-
> wendung und Umsetzung bei der Herstellung von Mas-
> senbedarfsgütern und Technik.
> **Alle Entwicklungen waren abgeschirmt und geheim.**
> Während man für die Weltraumfahrt Computertechnik auf
> höchstem Niveau entwickelte, gab es in den Betrieben
> nicht einmal mechanische Rechenmaschinen. In den Kauf-
> läden hatte man die berühmten Rechenhilfen, bei denen
> die Kassiererinnen bunte Kügelchen auf Drähten hin und
> her wirbelten, dass einem schwarz vor Augen wurde.

**Die frühmenschlichen Gruppen waren zweifelsohne
überwiegend diktatorisch orientiert.**

Jedenfalls die erfolgreichen Gruppen!
Also die, die sich im Überlebenskampf durchsetzen konnten.
Der äußere Druck auf die Gruppen war enorm. Nur wenige menschliche Gruppen - in irgendwelchen zufälligen
Urwaldnischen - konnten sich dem allgemeinen Kampf
entziehen.

Diktatorisch geprägte Gruppen entstehen nicht nur durch
die überragende Stärke eines Starken Individuums, dass
sich an die Spitze drängt, sondern hauptsächlich dadurch,
dass die Individuen bereit (oder durch die Bedrohung von
außen gezwungen) sind, viel von ihrer persönlichen Freiheit an die Gruppenfreiheit zu delegieren.
Die dadurch demokratisch legitimierte starke Gruppenführung kann nun ihrerseits die Gruppe erfolgreich in den
Kampf führen - in den immerwährenden Kampf gegen die
Anderen! ; kann kleinliches Gerangel um Anerkennung

von untergeordneten Wahrheiten unterdrücken; kann auf die wichtigen wahren Wahrheiten die über das Überleben entscheiden konzentrieren.

Die demokratische Legitimierung der Führung ist dabei bedeutsam.
Sie muss nicht unbedingt wirklich demokratisch erfolgen - womöglich durch Wahlen! -, aber sie muss mehrheitlich erfolgen.
Der Diktator muss mehrheitlich akzeptiert sein. Stillschweigend oder öffentlich.

75. These:
Diktatoren ohne Massenbasis gibt es nicht. Und wenn, dann nicht lange.

Demokratisch orientierte Gruppen entstehen, wenn der Druck von außen (durch andere Gruppen) relativ gering ist;
wenn also die Notwendigkeit, sich zu einer wehrhaften Gruppe zusammenzuschließen, fehlt;
wenn der Individualismus um sich greift;
wenn die Bereitschaft (oder der Zwang) auf individuelle Freiheiten zugunsten der Gruppenmacht zu verzichten, gering ist.

Wächst der Druck von außen, wenn die Feinde schon auf Sichtweite stehen (territorial oder auch ökonomisch), dann entstehen Diktaturen automatisch!

Das Abtreten individueller Freiheiten an die Gruppe und deren Führung ist für das intelligente Individuum kein sehr großes Problem. Das intelligente Individuum schafft es, wenn es unter Druck gerät, die egoistischen Bestrebungen einer solidarischen Idee unterzuordnen, aber wie

159

sieht es mit den Massen der Mensche aus? Nehmen wir beispielsweise die Idee 'Sozialismus'!

Intellektuelle Eliten fanden die Idee spannend. Die Massen nicht.

Sozialismus darf keine Sache des Intellekts sein, sondern muss Erfahrung werden - erlebte Erkenntnis!-, sonst wird es nie was damit!

Inwieweit eine intelligente Diktatur helfen kann, die egoistische Resultante zu verkleinern (die Bereitschaft zum Abtreten individueller Freiheiten an die Gruppe zu erzwingen), kann diskutiert werden.
In der Praxis wird Diktatur aber immer gefährlich sein, wegen des Rückschlageffektes und dem Hang des Menschen zum Personenkult!
Demokratischer Zentralismus ist allerdings eine Variante der Gruppenführung, die noch nicht völlig ausdiskutiert ist.

Demokratischer Zentralismus ist nicht zuletzt das Prinzip, das in den Gruppen der Tierwelt gilt.

Der Stärkste wird in einem Auswahlverfahren ermittelt. Sozusagen demokratisch gewählt. Wenn er aber dann Sippenchef ist, dann wird nicht mehr gewählt, dann wird geherrscht. Bis zur nächsten Brunstzeit.
Dann wird geschaut, ob nicht mittlerweile ein Stärkerer zur Verfügung steht. Wenn nicht, herrscht der alte weiter. Aber eben nur dann, wenn er sich wieder als Stärkster erweisen konnte.

Wichtig dabei - wie gesagt - die diktatorische Herrschaft zwischen den Wahlperioden!

Kein parlamentarisches Gezerre!

Aber auch diese Mischform zwischen demokratischer Wahl der Führer und diktatorischer Befugnis der Führer in der begrenzten Machtperiode (bei ständiger Abwählbarkeit) hilft wahrscheinlich nicht gegen die Grundtendenz aller menschlichen Bestrebungen: Ich will mehr haben, als Du hast!

Wie wirken sich nun die Besitzverhältnisse auf die Frage aus, ob eine Gruppe sich demokratisch oder diktatorisch orientiert?
Die Ungerechtigkeit bei der Verteilung des Reichtums Bodenschätze, Immobilien, Kolonien etc. wächst kontinuierlich seit der Steinzeit.

Immer weniger Individuen (oder Familien) sind immer reicher!

Die Ideologie, die Überzeugungen der Reichen, hängt übrigens nicht direkt mit dem Reichtum zusammen. Es gibt viele Reiche, die beten täglich zum lieben Gott und halten die zehn Gebote für heilig, aber dulden, dass ihr Reichtum täglich ein paar tausend unschuldigen Menschen den Tod bringt.

Der Kampf um den Profit, den das Kapital führt, ist der gleiche Kampf, den die Steinzeitmenschen um das Überleben ihrer Gruppe geführt haben. Es ist der Kampf, stärker sein zu müssen, als der andere, um nicht Pleite zu gehen, oder anderweitig auf der Strecke zu bleiben.

Auf dem Schlachtfeld der Ökonomie geht es genauso grausam zu, wie auf dem Lechfeld oder bei Waterloo!

GENERAL VON CLAUSEWITZ sprach davon, dass Krieg die Fortsetzung von Politik sei. Da aber Politik im Sinne von Ökonomie betrieben wird, muss man sagen:

76. These:
Der Krieg ist die Fortsetzung der Ökonomie mit anderen Mitteln.

Der Kampf der sozialen Gruppen findet heute wesentlich auf dem ökonomischen Schlachtfeld statt. Die Entwicklung der ökonomischen Stärke ist nun wesentlich von der Integration von wahren Wahrheiten anhängig. Dieser Integrationsprozess wird beeinflusst von der Machtstruktur der Gruppe demokratisch oder diktatorisch?
Die Sucht des Kapitals nach vermarktbarer wahrer Wahrheit wird gebremst oder befördert.
Maximalprofite schafft man nur, wenn man im Besitz von wahren Wahrheiten ist. Man muss die Mechanismen der Produktion genauso durchschauen, wie die Denkmuster der Konsumenten. Man muss auf der Klaviatur von Staat und Politik spielen können.

77. These:
Reichtum wirkt ohne demokratische Legitimation.

'DER WESTEN: Das ist eine Chiffre für jene Länder, von denen einst die Globalisierung ausging, als sie noch gar nicht so hieß. Ihr erster Akt war die Eroberung weiter Teile Asiens, Amerikas und Afrikas mit reichlich Völkermord und Rohstoffplünderung. Erst die Masseneinfuhr von Gold und Silber, Baumwolle und Zucker, Kaffee, Kautschuk und Öl (und Sklaven wenn wir nach Gottes eigenem Land schielen) aus diesen Ländern hat dem WESTEN die materielle Grundlage verschafft, auf der es werden konnte, was er ist: die Gründungsregion der bür-

162

gerlich kapitalistischen Gesellschaftsordnung. Deren Wirtschaftsweise hat inzwischen weltweit gesiegt. Überall, wo sie hinkam, hat sie vormoderne Strukturen aufgelöst und ihren eigenen Imperativ durchgesetzt. Der Weltmarkt ist nicht das Ergebnis demokratischer Abstimmungen, sondern militärischer Siege und wirtschaftlicher Zwänge. Erst auf deren Basis haben Menschenrechte wie Freiheit der Meinung, der Presse, der Religion, des Berufs, der Wahl staatlicher Repräsentanten überhaupt eine Chance bekommen.'
(**CHRISTOPH TÜRCKE** in 'Blasphemie'/ Merkur, Juni 2006)

Profit kann aus dem Reichtum nur immer und immer wieder entstehen, weil der Profiteur stets nach neusten wahren Wahrheiten strebt.

78. These:
Profit ist ein starker Motor für Wahrheitsfindung.

Und wenn es gelingt, die natürlichen Profitinteressen des Kapitals mit denen der Massen zusammenzuführen, sprich, wenn man die Massen dazu bringen kann, eine Diktatur zu akzeptieren, dann wird die Gesellschaft höchst aggressiv.

Wird der gesellschaftliche Reichtum gesellschaftlich verwaltet - wie im Sozialismus -; wenn er sich nicht in privater Hand anhäuft, erlahmt der Antrieb, neue Wahrheiten zu finden.
Die Gesellschaft wird im Kampf gegen andere unterliegen.

Das Grundprinzip der Evolution ist im Sozialismus weitestgehend außer Kraft gesetzt.

Die Produktivitätsmotivationen der Individuen schlafen ein, wenn der Kampf um das Überleben unnötig wird oder nicht zwingend notwendig ist; wenn die Existenz für das einzelne Mensch, ohne dass es kämpfen muss, garantiert ist.

Die Stärkerwerdung der Starken ist ganz im 'Interesse' der Evolution. Oder besser gesagt - über die Stärkerwerdung der Starken setzt sich die Evolution fort.
Kapital muss akkumulieren.
Es muss vererbt werden, es muss Zinsen und Profit bringen.
Die starken, reichen zivilisierten Gesellschaften werden die schwachen besiegen. Teils vernichten, teils integrieren.
Das zentrale Element bei der Stärkung der Gruppe gegen die äußeren Feinde ist die ökonomische Stärkung. Die Geschwindigkeit der ökonomischen Stärkung beschleunigt sich infolge der Konkurrenz der Kapitale.

Das Kapital wirkt über den Gruppenrand hinaus - erweitert die Gruppe, führt bis zur globalisierten Gruppe.

Nun hat man in der Philosophie (zumindest teilweise) versucht, menschliche Gesellschaften nach bestimmten Kriterien einzuordnen Kapitalismus, Sozialismus, Feudalismus... etc., und aktuell diskutiert man immer wieder, ob Sozialismus möglich oder doch nur Utopie ist.

Der wichtigste und gravierende Unterschied zwischen diesen Ordnungen, wurde an die Besitzverhältnisse geknüpft. Wer besitzt wie viel vom angehäuften, von früheren Gene-

rationen überkommenen Reichtum und wie viel erhält wer vom neu erwirtschafteten Reichtum?
Der Reichtum ist nicht nur Symbol der Macht, sondern er ermöglicht Durchsetzung von Macht und Willen und Wahrheit!
Zum Reichtum gehören Immobilien, Geld, Technik, Untertanen, Wissen...

Die Verteilung des Reichtums ist in den Gesellschaften wesentlich verschiedener, als die der genetischen Anlagen. Von den Genen her, scheinen die Gruppen wesentlich homogener zu sein gleicher zu sein! als von ihrem Anteil am Reichtum her gesehen.

Auf Basis der wahren Wahrheiten - den richtigen, sich in der Praxis bewährt habenden Wahrheiten -entsteht das technisch-technologische Vermögen, der Reichtum der Gruppe. Er ist umso größer, je besser die Kultur der Gruppe es möglich macht, wahre Wahrheiten in das Leben (die Lebenserhaltung) zu integrieren und umzusetzen.

Zur Kultur einer Gruppe gehören - um das in Erinnerung zu rufen - auch die politischen Strukturen Monarchie, Oligarchie, Demokratie, Diktatur... die wesentlichen Einfluss darauf nehmen können, wie mit wahren Wahrheiten umgegangen wird. Es ist allerdings mit den wahren Wahrheiten wie mit den Mutationen - man weiß am Anfang noch nicht, ob sie sich positiv auswirken werden - oder ob es Rohrkrepierer sind.

In der Kultur der westlichen Zivilisationen (soweit man überhaupt noch von Kultur sprechen kann) gilt die Meinungsfreiheit (die auch von der Presse und andere Medien in Anspruch genommen wird) als hohes Gut der Demokratie.

Jeder darf also sagen, denken, glauben, meinen, was ihm in die Rübe kommt.

Man darf ihn deswegen nicht schelten, oder gar anderweitig Böses antun. Nach Begründungen darf zwar gefragt werden, aber man muss sich notfalls mit der Antwort *'Das ist meine Meinung!'* zufriedengeben.

Wer meint, muss nicht wissen. Wer nichts weiß, meint Unsinn.

79. These:
Die größte Gefahr für die westliche Zivilisation ist die Meinungsfreiheit.

Presse- und Meinungsfreiheit sind keine Werte an sich. Sie müssen sich einer Kultur verpflichtet fühlen, müssen im Rahmen der Maßstäbe einer Kultur wirken und regulierend auf öffentliche Ereignisse Einfluss nehmen können. So, wie die Kunst!

Wenn Presse und Meinungsmache Werte der Kultur infrage stellen, oder missachten, dann ist das kein Akt der Freiheit, sondern der Barbarei!

Wenn sich Presse und Meinungen nicht mehr an Regeln einer Kultur halten, sich nicht mehr den Maßstäben dieser Kultur verpflichtet fühlen, wenn sie das Gebiet der herrschenden Kultur verlassen, dann wirkt sich diese Freiheit nicht mehr konstruktiv auf die Gesellschaft aus, sondern destruktiv. Dann hilft sie, die vorhandenen Reste von Kultur zu vernichten.

Die Versuche heutzutage, eine Leitkultur zu definieren, sind diesem Zusammenhang geschuldet, und beileibe nicht nur für die Integration von Migranten von Bedeutung.

Die Rolle der Medien bei der Wahrheits- und Kulturverbreitung ist enorm. Wer zur Verbreitung seiner Wahrheit und seiner kulturellen Werte einen Fernsehsender benutzen kann, potenziert die Chance, dass sich Wahrheiten und Kultur etablieren kann, um ein Vielfaches.
Aber die Medien dürften nicht der Meinungsfreiheit, sondern müssten der Wahrheit und der Kultur verpflichtet sein.
Leider werden die Massenmedien nach wie vor vorwiegend zur Verbreitung von Idiotie und Lüge benutzt.
Wahrheiten sterben täglich zu tausenden; Kultur geht unter im Morast der Konsumgesellschaft, im Schlick der Unterhaltung, im schleimigen Kot von Sex und Horror.

Aber sie sprießen auch jeden Tag neu irgendwo hervor.
Immer wieder in allen Teilen der Erde.
Wahrheiten, wenn sie wirklich einen kleinen oder großen Aspekt des Seins richtig erfassen - was letztlich die grundlegende Voraussetzung für eine Wahrheit ist - sind nicht endgültig ausrottbar. Wahrheiten sind wie Unkraut im gehüteten Garten der herrschenden Cliquen und Banden.

Nebenbei:
Ich vermeide hier das Wort 'Klassen'. Die herrschenden Klassen waren immer mehr Cliquen oder Banden - oder noch besser gesagt: Mafiöser Klüngel!
Leider auch in den so genannten 'sozialistischen Ländern'!

Wir wissen:
Aus der allgemeinen Bewegung gesellschaftlicher Erfahrungen entstehen neue Wahrheiten, die solange totgeschwiegen werden, bis sie zufällig überleben. Das ist so.
Doch das unkritische Dulden jeglicher Meinung, das Gleichsetzen von Meinung mit kompetenter These - unter

dem Motto: Meine Meinung ist so gut wie die Meinung eines xbeliebig anderen! - ist für die Vergesellschaftung der wahren Wahrheiten absolut kontraproduktiv.
Wenn jeder meinen darf, was er will, hat die Wahrheit keine Chance.

80. These:
Die Meinungsfreiheit ist der Tod der Wahrheit.

Meinungsfreiheit ist ein Freibrief für die Dummheit. Erkenntnisfeindlich! Warum soll ich mich mühen um Wissen und Kompetenz, um Wahrheit ich darf doch einfach eine Meinung haben! Mehrheitsentscheidungen sind immer Entscheidungen gegen die Wahrheit, weil die Mehrheit der Menschen einfach nicht im Besitz hinreichender Bildung ist, um wahre Wahrheiten als solche zu erkennen. Die Stärke einer Gesellschaft besteht in Wirklichkeit darin, möglichst viele Wahrheiten, Ideen, Theorien... also Mutationen der Erkenntnis zuzulassen, nicht ad hoc zu vernichten, aber genau aufzupassen, wie sie sich entwickeln und auswirken.

81. These:
Der Umgang mit den wahren Wahrheiten und den kulturellen Werten wird im Verlauf der Zivilisierung zum entscheidenden Kriterium für die Produktivität und Stärke einer sozialen Gruppe, einer Gesellschaft.

Die Diktatur kann Vieles verhindern, oder umgehend durchsetzen, je nachdem. Man kann daher progressive und reaktionäre Diktaturen unterscheiden.
Monarchie und Oligarchie sind nur Unterarten von Diktatur.

Demokratie ist der beschwerliche Mittelweg das Durchsetzen von wahrer Wahrheit und Kultur über die Mehrheitsbeschaffung.

Effektivität und Produktivität der Gesellschaftsordnungen resultieren aus ihrem Umgang mit den wahren Wahrheiten und den kulturellen Werten..

Demokratie ist für die erfolgreiche Durchsetzung von wirtschaftlichen Strategien völlig ungeeignet. Wenn man erst Mehrheiten schaffen muss... da haben die Chinesen schon längst zugeschlagen.

82. These:
Der erfolgreiche Kapitalist handelt schon immer diktatorisch!

83. These:
Diktaturen wirken schnell und direkt, können aber auch zum Exitus führen.

Die Verteilung des Reichtums bestimmt den Charakter der Gesellschaft die Machtstruktur!

Die Machtstruktur bestimmt die Möglichkeiten des Umgangs mit der Wahrheit.

Demokratie bedeutet immer zähes Ringen um jede wahre Wahrheit.

Aber, wie auch der Reichtum verteilt sein mag, wie auch die Machtstrukturen sich entwickelt haben (im Kontext der Kultur der jeweiligen Gesellschaft) es gibt letztlich vom Grundcharakter her nur die eine menschliche Gesellschaft, d.h. die typische Gesellschaft der Mensche.

Die funktioniert vom Grunde her immer gleich.

Alle Gesellschaften der Mensche sind geprägt vom Egoismus des Einzelnen (Selbsterhaltungstrieb) und der Überlebensnotwendigkeit, sich gesellschaftlich zu organisieren. Dabei befinden sich die jeweiligen Gesellschaften natürlich auf unterschiedlichen Niveaus.

84. These:
Alle Gesellschaften, auf jedem speziellen historischen Niveau, pendeln zwischen Diktatur und Demokratie auf dem jeweiligen Niveau der Produktionsweise.

Mal geht es mehr in die eine Richtung, mal in die andere. Gesellschaftliche Entwicklung ist beeinflussbar, aber nicht steuerbar. Steuerbar würde bedeuten, dass man vorher weiß, welche Maßnahme welche Ergebnisse in der Gesellschaft zeitigen könnte.

Die Frage nach der Errichtung des Sozialismus und Kommunismus in einer Gesellschaft hat sich aus dieser Sicht erledigt.
Die Gesellschaften werden sich so oder so entwickeln, werden diktatorischer oder demokratischer strukturiert sein, werden den Reichtum stärker privat oder gesellschaftlich verwalten... vielleicht kommunistisch werden... gleichgültig!
Wichtig allein wird sein, dass die Gesellschaften nicht versteinern und stagnieren, dass sie Mutationen zulassen.

Auch die heute existierenden demokratischen Gesellschaften des Westens, können sich zu einer progressiven Diktatur entwickeln. Auch zu einer islamischen Demokratie.
Die Kräfte, die eine Gesellschaft im Überlebenskampf mobilisieren kann, hängen von vielen Faktoren ab.
Ich bin für die Diktatur von wahrer Wahrheit!

Aber - ... aber in einem Sozialismus (den es bisher noch nicht gab!), also dann, wenn die Konkurrenzmechanismen des Kapitals außer Kraft gesetzt sind, wenn die Profitgier der Individuen gedämpft wird, könnte anderseits die Vernichtung von Produktivkraft infolge der Konkurrenz vermieden werden.

Die Profitgier würde nicht schrankenlos zur Ausbeutung von Natur und Mensch führen. Und bei einer großzügigen Verteilung von Bildung, die nicht nur die Mensche berücksichtigt, die reich genug sind, müsste ein wesentlich höheres Niveau bei der Vergesellschaftung der wahren Wahrheiten zu erzielen sein.

Eine sozialistische Gruppe - egal ob diktatorisch oder demokratisch strukturiert -, also eine Gruppe ohne Privatbesitz an Produktionsmitteln (auch ohne Privatbesitz an Wissen und Immobilien und bei Verteilung des gesellschaftlichen Reichtums nach dem Leistungsprinzip) müsste größere Mehrheiten für die Durchsetzung wahrer Wahrheiten finden und schaffen können, weil sie die produktiven Kräfte bündeln und auf ein Ziel ausrichten kann. Zum Beispiel auf das Ziel, die Erde bewohnbar zu erhalten und zu verhindern, dass die Menschheit zum Opfer der eigenen Natur wird!

Ja, aber wie soll sich die sozialistische Gruppe gegen die kapitalistischen Gruppen durchsetzen?

Sie müsste ökonomisch haushoch überlegen sein, um die Kräfte des Kapitals bändigen und besiegen zu können. Und für die Produktivität der Individuen (und der Gruppen) gibt es nach wie vor nur einen Antrieb - das sind Egoismus und Selbsterhaltung. Stärker sein wollen, als die anderen!

Wo findet das Individuum ein Motiv für den Kampf ums Überleben, wenn es nicht kämpfen muss?

Vielleicht... - wie wäre es mit einem Leistungsprinzip, nach dem im Sozialismus die Verteilung des erwirtschafteten Reichtums erfolgen soll (theoretisch!)?
Aber ein richtiges freies ungehemmtes Leistungsprinzip auf allen Ebenen der Gesellschaft würde schnell wieder zu Privatbesitz an Produktionsmitteln und zu Kapitalismus führe.
Unweigerlich!
Ein geknebeltes Leistungsprinzip, wie es in den ehemaligen Ostblockländern gang und gäbe war, führt zu kollektiver Verantwortungslosigkeit und Müßiggang.
Das intellektuelle Motiv, den Kapitalismus ökonomisch besiegen zu wollen, war in der Realität zu schwach, um wirklich produktive Kräfte bei den Individuen freizusetzen.

Kann es Sozialismus wirklich geben?
Wir werden warten müssen!

Denn:

86. These:
Die natürliche Verhältnis der Lebewesen in der Natur ist die Konkurrenz.

Auch das Kapital versucht diesem gnadenlosen Prinzip zu entrinnen, versucht Konkurrenz durch Monopolisierung auszuschalten und schafft es nicht.
Während man expandiert, um Konkurrenz auszuschließen, entstehen im Inneren wieder neue Konkurrenzstrukturen.

Das Grundprinzip des Lebens, der Natur, liegt eben darin, Dinge auf die Nachkommen zu vererben Gene, Geld, Technik, Technologien , die den Nachkomme stärker machen als andere Individuen der Art.
Die Aufhebung dieses Grundprinzips würde die Aufhebung der natürlichen Auslese bedeuten. Die Aufhebung der natürlichen Auslese dürfte dann zur Dekadenz, zur Ausrottung der Art durch andere führen.
Siehe Sozialismus!

Die partielle Aufhebung der Konkurrenzkräfte in der pseudosozialistischen Gesellschaft führte zu einer Schwächung ökonomisch und kulturell , die letztendlich zur Kapitulation zwang. Der Sozialismus wurde an den Nagel gehängt. Untauglich!

Die eigentlichen Stärken, die ein sozialistisches System hat, bzw. entwickeln könnte, um im Konkurrenzkampf der Gesellschaften überlebensfähig zu sein, hatten sich nicht entfalten können.
Die große Frage ist nun, ob es möglich ist, diese theoretischen Stärken einer sozialistischen Gesellschaft zu realisieren, praktisch hervorzubringen?
Diese Frage wird eine Frage der Praxis bleiben.

87. These:
Die natürliche Daseinsweise der menschlichen Gruppen - aus der Evolution hervorgegangen und sie weiter vorantragend - ist Kapitalismus.
Anhäufung von Stärke bei den Starken!

Sch... ade!

Oder sollte man doch nochmal überlegen???

VII - ZUKUNFT oder SOZIALISMUS

Die Idee des Sozialismus ist am Mensch gescheitert. Am Dünnbrettbohrer, am Mitläufer, am Schaumschläger, am Egoisten... eben am Mensch!
Viele hatten das vorausgesagt.

Gruppen wie auch Individuen, die durch einen Zufall der Natur, oder durch eine außergewöhnliche Kultur, nicht gezwungen sind, sich am Kampf um das Überleben zu beteiligen, weil die Existenzgrundlagen frei Haus geliefert werden (durch die Üppigkeit der Vegetation oder die Großzügigkeit der Gruppenkultur) stagnieren in ihrer Entwicklung. Es fehlt der Antrieb zur Erprobung und Findung neuer produktiver Kräfte und neuer wahrer Wahrheiten.
Und nach der Stagnation kommt der Untergang.
Denn das Recht und die Pflicht zur Selbsterhaltung beinhalten auch die Frage der Energiebilanz.

Jedes Individuum und jede Gruppe ist bestrebt bei der Selbsterhaltung nur soviel Energie zu verschwenden, wie nötig ist.
Wenn also die gebratenen Hühner von alleine in den Rachen fliegen, wird man sich das gefallen lassen. Diese Sattheit, diese Friedlichkeit ist nicht produktiv; führt zur Schwächung des Individuums oder der Gruppe.

Die Verschärfung von Widersprüchen in einem System führt irgendwann zum Umschlag in eine andere Qualität. Die Keime der neuen Qualität sind anfangs quantitativ nur geringfügig (die mutierten Minderheiten!), nehmen aber, wenn sie nicht unterdrückt und vernichtet werden, zu.

175

Die neue Qualität muss sich quantitativ erst noch - gegen die Widerstände der alten Qualität - durchsetzen und ausbreiten.

Es erfolgt selten ein radikaler Umschlag (revolutionär!) von einer Qualität in eine andere. Zwischendurch gibt es meistens einen instabilen Zustand, der auch zurückschlagen kann.
Erst nach und nach ordnet sich das System neu.
Teile des Systems lehnen sich an die Keime des Neuen an.
Es konstituiert sich langsam die neue Qualität. Oder nicht.

Ein Beispiel:
Wasser kocht - Teile werden gasförmig, aber niemals schlagartig der ganze Topf.
Und wenn das energiezuführende Feuer gelöscht wird, ist es um die neue Qualität gänzlich geschehen. Die alte stellt sich wieder her. Lauwarmes Wasser. Nicht heißer Dampf.

Wer hat unter dem Sozialismus das Feuer gelöscht?

Den Untergang der Regime im Osten Europas am Ende des 2. Jahrtausends, die den Aufbau des Sozialismus (oder gar des Kommunismus) auf ihre Fahnen geschrieben hatten, haben viele Mensche in aller Welt als Untergang einer großen Hoffnung empfunden.
Der Zeitpunkt des Unterganges ist philosophisch interessant.
Der Sozialismus ging unter, als er weitestgehend 'zivilisiert' worden war; als er den Bürgern in wachsendem Maß demokratische Freiheiten einräumte; als im Inneren der Druck auf die Mensche nachließ; als man von außen schon beinahe dachte, dass man sich mit diesem 'real existierenden' Sozialismus doch eigentlich arrangieren könnte.
Da kippte er um.

Er hatte selbst das Feuer gelöscht.

Der alte Zwang zur Delegierung individueller Freiheiten an die Gruppenführung konnte nicht in die Wahrnehmung der Freiheitsrechte, in die Kampfbereitschaft im Rahmen der Kultur überführt oder umgewandelt werden.
Die neue Kultur (Qualität) wurde gesprengt.
Die breite Masse war auf die Eingliederung in die westliche Kultur bestens gerüstet.

Nur auf die brutalen Seiten des kapitalistischen Marktes, die nach erster Euphorie im Osten spürbar wurden, war man nicht so ganz richtig vorbereitet. Nostalgische (oder ostalgische) Regungen wuchsen und sind bis zum heutigen Tag nicht abgeebbt.

Die Sehnsucht nach einer Gesellschaft, in der man sich nicht tagtäglich um die nackte Existenz sorgen muss, ist gewachsen, seit sie nicht mehr vorhanden ist.

Als sie existierte, hat man sie mehrheitlich nur gering geschätzt.

Wie weiter?
Gibt es noch Hoffnungsschimmer?
Der Sozialismus, den es gab, war noch keiner!- sagen viele.

88. These:
Um so etwas Ähnliches wie Sozialismus zustande zu bringen, müsste das Mensch sich selber überwinden; müsste seine tierische Natur, stärker, als der andere sein zu wollen, und ihn möglichst sofort aufzufressen, überwinden.

Unmöglich!

Selbst einzelne Exemplare von Mensche, die intellektuellen Ausnahmen der Gesellschaften, die sich mit Geisteskraft und Selbstverleugnung um ein Anderssein bemühten, blieben letztlich in den Gesetzmäßigkeiten der Natur gefangen!
Der egoistische Trieb zur Selbsterhaltung - der evolutionäre Mechanismus - ist nicht ausschaltbar.
Dafür gibt es am Mensch keinen Schalter.

Jedes einzelne Mensch ist allein mit der Nahrungsaufnahme, allein mit der Nutzung der geringsten Gegenstände eines bescheidenen Luxus` - sagen wir, eines Strohsackes zum Schlafen beispielsweise -, bereits an dem immer obwaltenden Kampf um das Überleben beteiligt. Kein Mensch kann sich dem entziehen außer, es verzichtet auf sein Leben!

Freiheit, Gleichheit, Brüderlichkeit - das Ende dieser großen Menschheitsillusion führt momentan besonders in den ehemaligen Ostblockländern zu jener fatalen Weltuntergangsstimmung.
Man weiß zwar, dass es hätte so nicht weitergehen können mit diesem 'realen Sozialismus', aber es ist eben auch grundsätzlich die Hoffnung gestorben, dass die Menschheit zu retten sein könnte.
Und diese Hoffnung war schön.
Man fühlte sich ja auch zur besseren Hälfte der Menschheit gehörend.
Das war schön.
Man war als Mitglied der sozialistischen Völkergemeinschaft Vollstrecker aller kulturellen Bestrebungen der bisherigen Menschheit.

Aber man erbrachte doch letztlich nur den Nachweis dafür, dass alle Kultur ein sinnloser Versuch ist, die Mensche vor sich selbst zu schützen.

89. These:
Die Natur ist stärker als die Kultur!

Jedenfalls bisher!

Mancher unverbesserliche Optimist blickt noch in einem letzten Anfall von Verzweiflung nach China oder nach Cuba, aber auch dort werden die Bemühungen um eine gerechte und solidarische Gesellschaft im Sumpf des Gewinnstrebens enden.
Unausweichlich!
Weil sich eben niemand, kein Naturgeschöpf, den Gesetzen der Natur entziehen kann!

Und das ist die Stelle, an welcher die Sciencefiction-Autoren ansetzen können:
Künstliche Lebewesen, Roboter oder genmanipulierte Geschöpfe, die von diesen Urgesetzen der Natur abgekoppelt werden, tragen das Leben auf der Erde in die Zukunft.
Na, prima!

Aber auch das ist sinnlos. Denn wenn man die Urgesetze der Natur außer Kraft setzt, setzt man auch Lebenswille und Entwicklungsfähigkeit außer Kraft.
Die ständig gesunkene Produktivität der 'realsozialistischen Gesellschaften' könnte ein Indiz für diesen Zusammenhang sein.

Ohne Kampf kommt es zur Schlamperei.

Der Kampf ist der Vater aller Dinge!

Ohne Kampf gibt es Stillstand, und Stillstand ist Tod.
Aber Kampf ist grausam.
Was tun, sprach Zeus?

90. These:
Das evolutionäre Grundprinzip der Natur schließt Sozialismus aus.

Also noch mal zum Kapitalismus!

Es gibt ein riesiges Reservoir an Wissen über die schädlichen, ja verheerenden Mechanismen der kapitalistischen Wirtschaftsweise. Die Fakten liegen auf dem Tisch.
Es nützt nichts.
Der Kapitalismus, der globalisierte Monopolkapitalismus (oder Imperialismus, wie Lenin sagte) wütet wie nie zuvor. Und er wird weiterwüten, solange jedes Mensch auf der Erde hoffen kann, von dem großen Kuchen, der bei diesem Wüten entsteht, etwas abzubekommen.
Und wenn es mal ein Lottogewinn wäre!

Wenn die Berge der Leichen in Afrika ihre Schatten auf die zivilisierte Welt werfen, könnte vielleicht manchem ein Licht aufgehen!

Die Menschheit läuft sehenden Auges in den Abgrund.
Das weiß mittlerweile nicht nur der 'Club off Rom', sondern jedes Schulkind.
Trotzdem handeln alle - ja, alle! Ausnahmslos! - entgegen besseren Wissens, und tun so, als wüssten sie nichts von irgendeinem 'Abgrund'.
Verdrängung, wenn es um den eigenen Vorteil geht.

Nun gibt es Mensche, die ballen sich zu Meinungs-Gruppierungen zusammen und ignorieren den Abgrund gemeinsam, oder - sie beschwören ihn gemeinsam. Letztlich kommt es auf das Gleiche hinaus. Auch die 'Grünen' sind nur solange gegen den Abgrund, solange sie nicht wirklich revolutionäre Dinge tun müssten. Ein bisschen Opposition... ein bisschen Zeigefinger heben...

Der Riss zwischen sehender Vernunft und blinder Bequemlichkeit verläuft nicht nur zwischen solchen Meinungs-Gruppierungen (manche sagen 'Parteien' dazu), sondern durch jeden Einzelnen, durch jedes Mensch dieser Welt. Schon immer.

Der Kitt wurde von IMMANUEL KANT in der Vernunft vermutet und erhofft. Aber die Vernunft, das wissen wir heute, kann den Riss nicht kitten.

Eine diktatorisch angeordnete und mit Gewalt durchgesetzte Ideologie auch nicht!

Wäre womöglich doch ein starker Glauben, eine mächtige Religion der beste Kitt?

Ist der Siegeszug des Islam womöglich die Chance für die Menschheit? Wohl kaum!

Ist ein Ausweg denkbar? **STEPHEN HAWKING sagte: 'Die Menschheit ist erst dann in Sicherheit, wenn sie die Sterne erreicht.'**

Hat die Menschheit die Chance sich in das All zu retten?

Gehen wir langsam vor!

Tatsache ist - es gab bereits krasse Endpunkte von Entwicklungen - zum Beispiel das Ende der Saurier!
Auch weniger spektakuläre Arten sind ausgestorben, weil sie nicht mehr mit den Umweltbedingungen zurechtkamen.
Ganze Welten sind untergegangen, explodiert, verglüht... - und wie viele Zivilisationen schon untergingen, kann man nur raten.
Jedenfalls ist es ein landläufiger Trugschluss zu glauben, dass es immer irgendwie weitergehen wird. **Es kann auch ganz schnell Schluss sein.**
Bei uns hier. Jetzt. Demnächst...

Diese Feststellung ist sicher eine Binsenweisheit, aber im Denken der Menschheit ist sie nicht sehr tief verwurzelt.
Das betrifft auch die Haltung zum eigenen Leben.
Die meisten Menschen leben so, als würden sie ewig leben!

Und das ist über weite Strecken auch richtig und notwendig - man kann nicht leben und ständig gleichzeitig von der düsteren Aussicht erfüllt sein, im nächsten Moment sterben zu müssen.
Es gäbe keine Motivation für Aktivitäten und Kreativität.
Wenn ich sowieso gleich sterbe... wozu mich dann noch anstrengen?

91. These:

Das schöpferische Mensch muss den Tod vergessen können, aber es muss mit ihm rechnen!

Die Menschheit ebenso!

Dass die Menschheit sich noch nicht selbst ausgerottet hat - beispielsweise mit dem dreißigjährigen Krieg und den nachfolgenden Pestepidemien , oder mit Aids - das ist reiner Zufall.
Wenn ein paar wenige Faktoren anders gewirkt hätten... vielleicht hätte ein heißer trockner Sommer im Jahre 1627 genügt... oder 1997 eine geringfügige Zunahme der Prostituierten in Uganda...?

Umweltexperten haben bereits verschiedene Modelle durchgerechnet, in denen historische Entwicklungen zwangsläufig zu einem Kollaps und zum Ende hätten führen können.
Atomkrieg dürfte dabei noch die netteste Variante darstellen.
Ein Kollaps infolge der Bevölkerungsexplosion mit integrierten Hungersnöten, Epidemien und Terror... - das darf man sich nicht ausmalen!
Oder - man muss sich das ausmalen! Das steht vor der Tür.

92. These:
Die Atomarsenale kann man kontrollieren, den Egoismus der Mensche nicht.

Sexual- und Vermehrungstrieb sind Grundbausteine der Evolution und lassen sich scheinbar nicht eindämmen.
Oder doch?

Momentan gibt es Anzeichen, dass auch in den armen Ländern der Erde mit dem wachsenden Wohlstand - wie in der westlichen Welt - die Geburtenraten sinken.

Der Wille zur Arterhaltung schwächt sich ab? Wirklich?

Die Evolution macht Pause? Das wäre tödlich!

Muss man das "Ziel" der Evolution korrigieren? Geht es beim Kampf um "the fittest" vorherrschend um eine qualitative Stärke und weniger um quantitative Überlegenheit?
Können wir Arterhaltung von Bevölkerungswachstum abkoppeln?

93. These:
Die evolutionäre Stärke (bzw. Überlegenheit) einer Gruppe, kann sich in quantitativen und/oder qualitativen Momenten realisieren.

Wenn zum Beispiel die quantitative Stärke Chinas auf der qualitativen Seite weiterhin so wächst - so wie in den letzten Jahrzehnten - dann wird das Eis für alle anderen rivalisierenden Gruppen sehr dünn!

Eine Gesellschaft, die man sich also wünschen könnte, die den Weg der Menschheit in den Abgrund verhindern könnte, müsste eine sein, wo der Wille und die Macht gepaart sind, die Probleme der Über- oder Unter-Bevölkerung, der Rüstung und des Umweltschutzes bewältigen zu können.
Das kann keine Friede-Freude-Eierkuchen-Gesellschaft sein!

Keine demokratische Wohlfahrtsgesellschaft, wo jeder Dummkopf seine unbedeutende Meinung in die Waagschale der Entscheidungen werfen kann!

Es müsste eine Gesellschaft sein, die sich der Gefahr des Unterganges bewusst ist und eine Machtstruktur besitzt, die Handlungsfähigkeit garantiert.

PLATON sprach von der Herrschaft der Aristokratie. Er meint, die Herrschaft der Klugen!
Der Gebildeten!
Wichtig wäre, sie müssten Entscheidungen treffen und durchsetzen können. Schnell!
Ohne langwierige Mehrheitsbeschaffungsmaßnahmen.

Und wieder höre ich die warnenden Rufe: Faschismus! Diktatur! Stasi!

Nein, reden wir doch erstmal wieder über die Elite! Reden wir über Vernunft! Reden wir über die Macht, die Vernunft benötigt, um durchgesetzt werden zu können!

Schauen wir doch noch einmal auf den Sozialismus - was ist das eigentlich?

Künstliche Intelligenz - 2024 - "ChatGPT" sagt:

Der Sozialismus ist eine politische und ökonomische Philosophie, die auf den Prinzipien der sozialen Gerechtigkeit, Gleichheit und kollektiven Kontrolle über die Produktionsmittel basiert. Die philosophische Definition und das Verständnis von Sozialismus haben sich im Laufe der

185

Zeit entwickelt und variieren je nach theoretischem An-
satz. Hier sind einige zentrale Aspekte und Definitionen:

1. ***Kollektives Eigentum an Produktionsmitteln:***
   - *Im Gegensatz zum Kapitalismus, der auf Privateigentum an Produktionsmitteln basiert, befürwortet der Sozialismus kollektives oder gemeinschaftliches Eigentum. Dies kann durch staatliche Kontrolle, Genossenschaften oder gemeinschaftlich organisierte Betriebe umgesetzt werden.*
   - *Ziel ist es, die Ressourcen und Produktionsmittel so zu verteilen und zu nutzen, dass sie dem Wohl der gesamten Gesellschaft dienen und nicht nur den Interessen einer privilegierten Elite.*

2. ***Gleichheit und soziale Gerechtigkeit:***
   - *Sozialismus strebt eine gerechte Verteilung des Wohlstands an, um ökonomische Ungleichheiten zu verringern. Jeder Mensch soll unabhängig von seiner sozialen Herkunft die gleichen Chancen und Rechte haben.*
   - *Philosophen wie Karl Marx und Friedrich Engels haben betont, dass der Sozialismus darauf abzielt, die Klassengegensätze zu überwinden und eine klassenlose Gesellschaft zu schaffen.*

3. ***Arbeiterkontrolle und demokratische Teilhabe:***
   - *Ein wesentliches Merkmal sozialistischer Theorie ist die Kontrolle der Arbeiter über die Produktion und ihre Arbeitsbedingungen. Dies soll durch direkte Demokratie, Räte oder andere Formen der Mitbestimmung erreicht werden.*

○ *Sozialistische Philosophien betonen oft die Bedeutung von politischer und ökonomischer Demokratie, um sicherzustellen, dass die Macht wirklich vom Volk ausgeht.*

4. **Ablehnung des Kapitalismus:**

○ *Sozialistische Theorien kritisieren den Kapitalismus als ein System, das Ungleichheit, Ausbeutung und Entfremdung produziert. Marx und Engels sahen den Kapitalismus als eine Übergangsphase hin zu einer sozialistischen Gesellschaft.*

○ *Diese Kritik richtet sich insbesondere gegen die Konzentration von Reichtum und Macht in den Händen weniger Kapitalisten, die auf Kosten der arbeitenden Mehrheit profitieren.*

5. **Historischer Materialismus:**

○ *Marx und Engels entwickelten den historischen Materialismus, eine Theorie, die besagt, dass die materielle Basis (die ökonomischen Verhältnisse) die gesellschaftlichen Überbauten (Politik, Kultur, Recht) bestimmt. Nach dieser Theorie wird der Sozialismus durch die dialektische Entwicklung der Gesellschaft aus den Widersprüchen des Kapitalismus hervorgehen.*

○ *Der Sozialismus wird als notwendiger und unvermeidlicher Schritt in der geschichtlichen Entwicklung hin zu einer kommunistischen Gesellschaft gesehen.*

6. **Verschiedene Strömungen:**

○ *Innerhalb des Sozialismus gibt es verschiedene Strömungen und Auslegungen,*

darunter demokratischer Sozialismus,
Marxismus, Leninismus, Trotzkismus,
Anarchismus und sozialer Reformismus.

o *Diese Strömungen unterscheiden sich in*
ihren Vorstellungen darüber, wie der So-
zialismus erreicht und umgesetzt werden
soll, und wie die Übergangsphase vom
Kapitalismus zum Sozialismus gestaltet
werden soll.

Zusammenfassend lässt sich sagen, dass der Sozialismus
eine Philosophie ist, die auf kollektiver Kontrolle über die
Produktionsmittel, sozialer Gerechtigkeit, Gleichheit und
der Überwindung kapitalistischer Ausbeutung basiert. Die
verschiedenen theoretischen Ansätze bieten unterschiedli-
che Wege und Methoden, um diese Ziele zu erreichen.

Und was war es denn gewesen - Sozialismus??? In der
DDR?

'Geheimpolizeien waren eine wesentliche Existenzvoraus-
setzung staatssozialistischer Diktaturen.' (Frankfurter
Rundschau, S.7, Expertenkommission 'Aufarbeitung der
SED-Diktatur' / 16.5.2006)

Die Reduzierung des DDR-Sozialismus auf Stasi und
Schießbefehl ist der übliche Versuch, die Sache abzutun.
Diese vereinfachende Verzerrung zeigt die Unfähigkeit
der herrschenden Denker zu begreifen, was wirklich passiert ist - nämlich:

**Der edle kulturvolle Wille war der schnöden Natur des
Menschen unterlegen!**

Wie schon so oft in der Geschichte.
Aber es ist immer wieder aufs Neue traurig!

Kein Grund sich zu überheben oder sich gar lustig zu machen.

Es gibt auch nichts zu feiern.
Und wenn, dann zynischer Weise:
Wir feiern Jahr für Jahr den Sieg der DDR über den Sozialismus!

Auch der Sozialismus außerhalb Deutschlands ist weitestgehend untergegangen:
In Polen rutschte man viel zu viel auf Knien in den Kirchen herum, in Bulgarien war Korruption und Vetternwirtschaft perfektioniert, in der Sowjetunion hatte man vornehmlich damit zu kämpfen, die verschiedenen ethnischen Gruppen und Kulturen auf gegenseitigen Abstand zuhalten und mit Wodka abzufüllen…
In der DDR lebte man mit dem Kopf im Westen vom Fernseher bis zu den Westpaketen und mit dem Arsch auf dem Samtsessel sozialer Verhätschelung. In Cuba...

...tja, Cuba! Für viele Nostalgiker ein Hoffnungsschimmer!
Bildungssystem, Gesundheitssystem, soziale Absicherungssysteme sind in Cuba nach wie vor auf hohem Niveau intakt.
Dass mit der Wirtschaft kein Blumentopf zu gewinnen ist, liegt auf der Hand, oder auf der Landkarte. Aber immerhin leben die meisten der Cubaner auch mit Kopf und Herz auf Cuba - nur wenige in den benachbarten USA.

Und FIDEL CASTRO war und ist zweifelsohne eine Persönlichkeit mit einer individuellen Kultur von wirklich sozialistischer Dimension. Glaube ich.
Aber lassen wir Cuba.

Der Blick sollte zuerst zurückgehen auf die Situation in Europa am Vorabend des ersten Weltkrieges, als die Idee des Kommunismus (oder Sozialismus) begann, in der Realität erste Keime zu säen.
Die russische Revolution!

Die Welt war bereits aufgeteilt.
Die reichen, parasitären Kolonialmächte - im wesentlichen Frankreich und England - standen in Konkurrenz zu den aufstrebenden, innovativen kapitalistischen Strebermächten - vor allem Deutschland und dazu mit einigen Abstrichen Polen, Rußland, Österreich, Ungarn.
Die Situation der Proletarier in allen diesen Staaten war bescheiden. Gleichzeitig wuchs in allen westlichen Ländern eine linke Bewegung gegen die schlimmsten Formen der Ausbeutung und für eine gewisse soziale Absicherung.
Die Bewegungen konnten in Frankreich, England und auch in Deutschland auf soziale Erfolge verweisen. Sozialdemokratische und kommunistische Parteien erstarkten.
Im ersten Weltkrieg nun fanden viele der inneren und äußeren Widersprüche und Spannungen ein Ventil. Die Situation für die kleine, noch am wenigsten etablierte Arbeiterklasse in Rußland, war infolge des Krieges am ärgsten.
Die allgemeine Unzufriedenheit aller Klassen und Schichten mit dem Zarismus erzeugte eine labile Lage. Eine revolutionäre Situation!
Das Feld war bereitet, auf welchem sich eine Saat ausbringen ließ. Der Säer hieß LENIN.

Aber das fruchtbare Feld war viel zu groß. Die Saatkörner viel zu spärlich.

Ringsum dehnten sich die riesigen Weiten unfruchtbaren Landes fremder Völker und Saatkrähen!

Diese Völker, die die Steppen, Tundren, Wüsten und Gebirge bevölkerten, hatten noch keine - oder nur sehr geringfügige Erfahrung - mit den Vorteilen sozialer Lebensform gemacht. Sie lebten in der Überzeugung, dass die vorhandenen Hierarchien gottgewollt und richtig sind.

Ihnen den Sozialismus zu bescheren, das war wie die Übergabe eines Kernkraftwerkes an das Volk der Indianer in Papua-Neuguinea. Sie bastelten daraus kleine Mäuerchen rings um ihre Lehmhütten.

Es konnte nichts werden.

94. These:
Die Fehler, die der Sozialismus begangen hat, waren unvermeidlich, aber man kann vielleicht daraus lernen!?

Aber was?

Die Kräfte der staatlichen und politischen Macht in den sozialistischen Staaten, die vorher (vor dem Umkippen; vor der Wende) die Menschen zwangen, sich den sozialistischen Solidar-Prinzipien mehr oder minder zu fügen - das betrifft die höchsten Ebenen der Macht gleichermaßen wie die untersten Schichten der Arbeiterschaft - waren erlahmt.

Anderseits - die natürlichen Kräfte in den Menschen, die egoistischen Bestrebungen, hatten nie nachgelassen zu wirken. Sie haben den Einwirkungen der Ideologie lächelnd widerstanden.

Das heißt, eigentlich ist nicht der Sozialismus umgekippt, sondern es hatte sich eine Konsumgesellschaft entwickelt, welcher nur noch das Wirken des freien Marktes und einer freien Wirtschaft fehlte.

Der 'real existierende Sozialismus' war ein Kapitalismus auf Sparflamme geworden.

Der Idee einer sozialistischen Gesellschaft steht der egoistische Urtrieb der Mensche - der Urtrieb aller biologischen Wesen! - im Wege. Die Erfahrung der Menschheit, dass sozialer Zusammenhalt in der Gruppe das Überleben leichter macht und sichert, kann nie so stark wirken, dass alle egoistischen Triebe unterdrückt , oder hinreichend gesteuert werden können.

In der Summe aller Bestrebungen der Individuen ergibt sich stets eine Resultante, die aus dem Selbsterhaltungstrieb entsteht und sich als Egoismus darstellt.

Was bedeutet das?

Nochmal zurückgeschaut:
In der Verteilung des Reichtums von sozialen Gruppen (Besitz an materiellen wie an geistigen Werten) gibt es zwei Extreme - die absolute Gleichverteilung und die absolute Konzentration beim Stärksten.
Also, einmal die Überwindung der evolutionären Freiheit und zum anderen deren absoluter Sieg.

Dass die absolute Gleichverteilung - das Schlaraffenland!- kein produktiver Zustand ist und über die Stagnation zum Untergang der Gruppe führen wird, ist bereits klar.
Doch auch die Konzentration allen Reichtums beim Stärksten kann kein produktiver Zustand sein. Auch in diesem Extremfall käme es zu Stagnation und Untergang.

Die Gesamtstärke der Gruppe die Produktivität und die Wehrhaftigkeit der Gruppe nach außen würde ebenfalls in Hilflosigkeit und Siechtum umschlagen.
Das ist nicht im Sinne der Evolution.
Diverse Gruppen, die sich in diese Richtung entwickelten, dürften ebenso untergegangen sein, wie jene, deren Mitglieder sich - aus welchen Gründen auch immer - der Faulheit hingeben konnten.

95. These:
Die menschlichen Gruppen schaffen sich - in Wechselwirkung mit dem Stand der Produktivkräfte und mit der Produktionsweise - eine Kultur, die das Leben der Gruppe reguliert und steuert.

Kultur und Produktionsweise können dabei in Widerspruch geraten und sich gegenseitig blockieren, was zur Schwächung der jeweiligen Gruppe führen muss.
Um die vorhandenen Begriffe aus der Ökonomie zu verwenden, könnte man also sagen, dass es bei Existenz menschlicher Gruppen einmal den Extremfall 'freie Marktwirtschaft' gibt, der in Konsequenz zur absoluten Konzentration des Reichtums und absoluter Verblödung der Massen führen kann, und zum anderen den Extremfall 'Kommunismus', wo es zu einer gerechten Gleichverteilung des Reichtums und des Verlustes jeglicher Konkurrenz käme.

Das Erreichen der Extremfälle verhindert die Evolution; oder eben deren obwaltendes Grundprinzip. Sobald eine Gruppe sich zu sehr dem jeweiligen Extremfall nähert, verliert sie an Vitalität und Aggressivität.
Sie wird von der stärkeren Gruppen der Nachbarschaft in den Untergang getrieben. Direkt oder indirekt!

Nicht nur ein Krieg, sondern auch die Unzufriedenheit der Gruppenmitglieder mit dem Zustand der Gruppe - im Vergleich mit anderen Gruppen - kann zum Untergang führen.

Ergo:
Die eine auf der Erde existierende Menschheit, die in viele Gruppen gespalten und organisiert ist, unterliegt in ihren Entwicklungen immer dem Grundprinzip der Evolution - dem Recht und der Pflicht - stärker zu sein als andere, und diese Stärke im Sinne der Arterhaltung durchzusetzen.

Die menschliche Gruppe funktioniert grundsätzlich aus der Möglichkeit heraus, stärker als isolierte Individuen sein zu können. Für diesen Gewinn an Stärke muss das Individuum Teile seiner individuellen Freiheiten an die Gruppe abtreten.
Die Kultur einer Gruppe regelt das Zusammenleben.
Die Legitimierung der Gruppenführung muss immer mehrheitlich (direkt oder indirekt demokratisch) sein. Deren Machtausübung erfolgt letztlich am erfolgreichsten diktatorisch.

Der erstrebenswerte Zustand jeglicher menschlichen Gruppe - und natürlich ganz besonders der einer globalisierten Menschheit - wäre also ein Gleichgewichtszustand. Ein Zustand, der die starken Momente beider o.g. Extremfälle zusammenführt. Ein Zustand, wo die negativen Momente der Extremfälle sich noch kompensieren.

96. These:
Das erstrebenswerte Muster für eine menschliche Gruppe wäre es, wenn sich Marktwirtschaft und Kommunismus in ihren Bestrebungen und Wirkungen die Waage hielten.

Um es auf einen Begriff zu bringen - kommunistische Marktwirtschaft!
Oder Marktkommunismus? Oder Sozialmerkantilismus?

Jedenfalls:
Bei einem Höchstmaß an Verteilungsgerechtigkeit - ein Höchstmaß an Konkurrenz!

Dass es den absoluten Gleichgewichtszustand nie geben wird, dürfte klar sein.
Dazu sind die gesellschaftlichen Komponenten der Gruppen allein in der kulturellen Ausprägung zu vielfältig. Es wird immer ein Pendeln um den Idealzustand sein.
Und das genügt.
Der Idealzustand - das Gleichgewicht - muss nicht erreicht werden, es genügt zu wissen, wo er zu suchen ist. Erstens natürlich nicht im Jenseits, sondern jedenfalls im Diesseits, und zweitens gegenwärtig sicher etwas näher Richtung Kommunismus, als Richtung Monopolkapitalismus!

Wie gesagt:
Der erstrebenswerte Zustand einer menschlichen Gruppe liegt - wahrscheinlich - nicht allein im 'Kommunismus' und auch nicht allein in der 'Marktwirtschaft'!
Nicht in der absoluten Gleichmacherei, nicht in absoluten Konkurrenz, sondern irgendwo dazwischen.
Wo dieses 'irgendwo' liegt, werden noch viele menschliche Gruppen ausprobieren müssen.
Und keine wird es je theoretisch herausfinden! Aber in der Praxis werden sich die Stärksten durchsetzen.
Und wenn es zur globalisierten Menschheit kommt, wird es unterm dem kulturellen Dach dieser Großgruppe bei den ewigen Kämpfen der Subkulturen bleiben.

Oder wird es wie es **STEPHEN HAWKING** vorschwebt zur Auseinandersetzung zwischen menschlichen und elektronischen Gruppen kommen?
Oder zu irdischen mit außerirdischen?
Jedenfalls der Kampf darf um den Preis des Unterganges nie erlahmen!

Vielleicht könnte man in absehbarer Zukunft zwecks Eindämmung der Konkurrenzmomente das Erbrecht kappen, oder das Patentrecht? Oder die Zinswirtschaft abschaffen? Muss es wirklich Zinsen, Börsengewinne und Tantiemen geben, damit Individuen, die nichts selbst zum Reichtum beigetragen haben, auf ewig faul sein können?

Nebenbei:
Es gab einige Jahre bei den meisten Banken keine Zinsen mehr. Das führte wohl nur dazu, dass die kleinen Sparer geschröpft wurden und die Reichen eben ihr Kapital verstärkt an der Börse arbeiten ließen.

Übrigens:
Alle Erfindungen der Mensche - ob die Erfindung einer Melodie oder einer chemische Formel - sind Produkt einer Vielzahl von Menschen, die sich in der jeweiligen Branche bewegen, forschen, suchen, experimentieren, komponieren, dichten und verdichten... - wenn Albert Einstein nicht die Relativitätstheorie gefunden hätte, dann eben fünf Minuten später Egon Müller!

Alle Erfindungen reifen auf dem weiten Feld der menschlichen Tätigkeiten. Der erste, der eine pflückt, muss nicht der sein, der am meisten zu ihrem Wachstum beigetragen hat. Er war nur zufällig als erster in der richtigen Furche.

So wie das Erbrecht, sind Urheber und Patentrecht eigentlich nur Rechte, die das Unrecht zementieren und somit, wie den materiellen Reichtum, vererbbar machen.

Wichtig scheint gegenwärtig unbedingt, die Gerechtigkeitsmomente in der Wissensverteilung zu stärken. Aber feststeht, dass die wünschenswerte zukünftige Gesellschaftsordnung nicht grundsätzlich anders funktionieren kann, als alle bisherigen.
Es gibt nur die Gesellschaft der Mensche, weil alle Gesellschaften aus Menschen bestehen, die alle gleich gestrickt sind - egoistische Fressmaschinen, die sich fortpflanzen wollen!

97. These:
Die kommunistische Marktwirtschaft ist kein neues ökonomisches System, sondern sie muss sich ein Wertesystem entwickeln, eine neue Kultur!

Nicht zu vergessen:
Zur Kultur einer Gruppe gehören immer auch die Produktionsweise, die Technik, die Wissenschaft... etc.

Die ökonomischen Strukturen von Privatbesitz und gesellschaftlichem Eigentum können sich ändern, der Staat - die Gruppenführung - kann mehr demokratisch oder mehr diktatorisch legitimiert sein , es bleibt die gleiche Gesellschaft!
Die Gesellschaft benötigt die egoistischen Kräfte Profitgier, Machtgier, Wissensgier... um in Bewegung zu bleiben; um die Evolution weiter zu tragen; um nicht zu degenerieren.
Die Beteiligung der Gruppenmitglieder am gesellschaftlichen Reichtum kann mehr gerecht sein, kann sozial (also

ungerecht) sein, oder kann sozialistisch/kommunistisch (also sehr konkurrenzarm) sein.

Die Vergesellschaftung der wahren Wahrheiten, die durch die herrschende Kultur und die Art und Weise der Teilhabe der Individuen am gesellschaftlichen Reichtum beeinflusst werden, ist der wesentliche Prozess.

Gegenwärtig kämpft die Kultur der westlichen Zivilisation - die natürlich so homogen nicht ist! - mit der Kultur des Islam.

Die islamische Kultur beginnt, sich gegen die Vereinnahmung durch die immer stärker werdende westliche Kultur und Wirtschaftsmacht zu wehren. Mit allen Mitteln. Ein Todeskampf!

Der Hass des Islam auf die westliche Welt wird umso stärker, je mehr die Erkenntnis wächst, dass er selbst bereits tief infiziert ist von Lebensweise und Wirtschaftsprinzipien von der Kultur des Westens. **Den Islam treibt die Panik.**

Der Druck auf die islamische Gruppe wächst von außen und innen.

Siehe - den ehemaligen 'Sozialismus'!

Auch hier dürften die schlimmsten und dogmatischsten Parteibonzen die gewesen sein, die schon längst der westlichen Lebens und Denkweise verfallen, bzw. nie von ihr losgekommen waren, weil sie sie praktisch mit der Muttermilch aufgenommen hatten.

Der dargebotene Hass auf den Klassenfeind war nach außen getragener Selbsthass. Toleranz und Schwanken konnten sich solche Leute nicht leisten - sie hätten sich dann womöglich enttarnt.

Die Masse des 'realen Sozialismus' war einfach und schlicht von der Konsumgesellschaft des Westens geblendet und verführt.

Die Bereitschaft - so schwach sie von Anfang an gewesen sein mag - ideellen Werten einer sozialistischen Kultur den Vorrang vor dem schnöden Konsum zu geben, sank im Laufe der Jahre gegen Null.

Erstaunlich sind die Entwicklungen in China und Indien. Die dort vorhandenen starken Kulturen scheinen nicht derartig vehemente Abstoßungskräfte gegen die westliche Zivilisation zu entwickeln, wie der Islam.

Dort scheint momentan eher ein Integrationsverhalten vorzuherrschen.

Bezeichnen wir also in Zukunft eine Gesellschaft mit 'menschlich' (oder 'human'), die es schafft, Strukturen in Wirtschaft, Bildung, Wissenschaft, Staatsapparat und anderswo zu schaffen, die einen optimalen Umgang mit wahren Wahrheiten mit Erkenntnisgewinn gewährleisten. Die Verteilung des gesellschaftlichen Reichtums, die Teilhabe am Wohl und Bildungsstand der Gruppe muss so gestaltet werden, dass die produktiven Kräfte des Egoismus noch wirken können - auf allen Ebenen der Gruppe -, aber gleichzeitig genügend Regeln und Vorschriften existieren, die verhindern, dass die Konkurrenz der Individuen zur existentiellen Ausrottung Einzelner oder von Gruppen führen kann.

Dieses Regelwerk - inklusive Tabus und Rituale! - ist dann die neue Kultur der Mensche.

98. These:
Es genügt nicht, nur die Produktionsmittel zu vergesellschaften, es geht um die wahren Wahrheiten und die Kultur!

Wobei der Grad der Vergesellschaftung der Produktionsmittel nicht unbedingt 100 % sein muss.
Oder nicht sein darf?

Jedenfalls sind Übergänge vorstellbar. Handwerk, mittel-
ständische Betriebe, landwirtschaftliche Genossenschaften
- hier scheint der Privatbesitz an Produktionsmitteln beinahe unproblematisch. Eine höchst negative Auswirkung
auf die Stärke und die kreativen Aktivitäten der Gruppe
haben die großen Konzerne samt ihrem Rattenschwanz an
Aktionären und sonstigen Parasiten, die ohne die geringste
Leistung zu vollbringen, am gesellschaftlichen Reichtum
beteiligt sind und teilweise sogar gänzlich davon leben
können.
Hier liegt die Verteilungsgerechtigkeit völlig am Boden.
Hier sind Änderungen erforderlich.
Und diese werden eintreten, wenn sich zeigt, dass Gruppen (mit denen bisher vielleicht noch keiner rechnet), die
auf diesem Gebiet der Verteilungsgerechtigkeit Veränderungen vorgenommen haben, stärker und kreativer sind.
Wichtig ist, dass die Kulturen der Gruppen solche (und
andere) Veränderungen zulassen, vielleicht sogar fördern,
aber jedenfalls nicht blockieren!

Doch wer soll die gesellschaftlichen Veränderungen tragen und vorantreiben?

Der wohl schwerwiegendste Irrtum von MARX betrifft
das revolutionäre Potential des Proletariates. Es war nie
revolutionär, höchstens explosiv, lenkbar, verführbar,
leicht entzündbar... wie eben Mob und Masse immer und
zu jeder Zeit!

**Zu einem revolutionären Potential gehört ein Anteil an
ideellen Zutaten.**

Das Proletariat schwankt immer notwendigerweise zwischen Reform und Revolution.
Der Kapitalist kennt nur eine Strategie Profit!
Die objektive moralische Berechtigung für den revolutionären Kampf findet das Proletariat nur in unmenschlicher Ausbeutung und Unterdrückung. Aber wenn Ausbeutung und Unterdrückung eben nicht vorhanden sind... - oder staatlich derart abgefedert wurden, wie beispielsweise in der 'sozialen Marktwirtschaft' der Bundesrepublik nach dem 2. Weltkrieg -, dann bleibt von revolutionären Bestrebungen im Proletariat - völlig vernünftigerweise! - nichts übrig.

Anders ist die Situation in der so genannten 3.Welt. Lateinamerika, Afrika, Asien...
Dort existieren noch die Strukturen von brutaler Ausbeutung und Profitstreben ohne Rücksicht auf Humanität.
Dort gibt es revolutionäre Bewegungen mit hoher Moral und großem humanistischen Ethos.

Die These, das Proletariat sei die revolutionärste Klasse, weil sie mit modernsten Produktionsmitteln verbunden sei und mit ihnen umzugehen versteht, ist seit einigen zig Jahrzehnten falsch. Spätestens, seit das Proletariat eben nicht mehr mit den modernsten Produktionsmitteln umzugehen versteht.
Es gab eine zweite technische Revolution!
Spätestens in deren Folge verlor das Proletariat seine revolutionären Potenzen. Aus der Sicht von MARX was die Stellung von 'Klassen' gegenüber den Produktionsmitteln betrifft besitzt die 'Klasse' der Intelligenz die größte Chance 'revolutionär' zu wirken. Denn sie ist den modernsten Produktionsmitteln Technik und Wissenschaft und den wahren Wahrheiten am nächsten.

Die Intelligenz!

Die Wissenden werden gesellschaftliche Veränderungen hervorbringen.

Aber die Mensche müssen das erkennen und ihnen den Raum dazu bieten. Die Gruppe muss ihre Avantgarde definieren und unterstützen und schützen!

Kompetentes Wissen muss gegenüber bloßem Meinen einen neuen Stellenwert erhalten.

99. These:
Meinungs und Glaubensfreiheit müssen neu definiert werden.

Der Begriff 'Freiheit' ebenso.
Es geht eben nicht an, dass jeder meinen und glauben kann, was er will ! Nein, er muss Gründe dafür benennen müssen. Und er muss gezwungen werden können, sich Gegenargumente anzuhören und diese, wenn sie denn der allgemeinen Erfahrung und dem Wissensstand der Gruppe entsprechen, zu akzeptieren. Die Gruppe muss anderseits immer bereit sein, sich auch mit Gedanken auseinanderzusetzen, wenn sie denn auf sachlichen Argumenten beruhen, die über den gegenwärtigen gesellschaftlichen Horizont hinausgehen.
Es muss zur Kultur der Gruppe gehören, solche vorauseilenden Gedanken zu wünschen!

Ich wiederhole:
Momentan ahnt das Mensch lediglich, dass weder ein ungezügelter Kapitalismus, noch ein wie immer gearteter Kommunismus ein Ziel für die gesellschaftlichen Entwicklungen darstellen können. Die Mensche brauchen

aber eine Idee, eine Vision, weil diese einend und stärkend auf die Gruppe wirken kann.

Gruppen ohne eine Vision von Zukunft, die in der Kultur der Gruppe verankert ist, werden zu Hammelherden!

100. These:
Es gilt die Kultur der Gruppe Schritt für Schritt so zu verändern, dass es nicht zum Untergang oder zur Selbstausrottung der Menschheit kommt.

101. These:
Die Entstehung der Menschheit war ein Zufall. Und ihre Existenz hat nur einen Sinn - nämlich den, so lange als möglich sinnlos zu existieren.

Gönnen wir doch auch anderen Menschen, nachfolgenden Generationen das riesige, wenn auch vergängliche Vergnügen, diese Welt zu sehen und ein bisschen zu begreifen.

Das Mensch muss sich zu seinen Rechten und Pflichten, die es als Naturwesen besitzt und nie abstreifen kann, bekennen und muss erkennen, dass die Erhaltung der Art in den Dimensionen des IST nur möglich ist, wenn die Gruppe am Ende die globalisierte Menschheit in ihrer Kultur dem Naturwesen 'Mensch' und dem Sozialwesen 'Mensch' Rechnung trägt.

102. These:
Das Mensch ist nur als soziales Wesen überlebensfähig und wird aber immer ein Tier bleiben, weil es nicht von einem Gott erschaffen wurde.

Es gilt die Menschheit eines der irrwitzigsten Produkte der Materie zu erhalten.
In Ewigkeit! Amen!

VIII - RELIGION oder SUIZID

Künstliche Intelligenz - 2024 - "ChatGPT" sagt:

Die philosophische Definition von Religion ist ebenso komplex und vielschichtig wie die Definitionen von Kunst und Kultur. Verschiedene Philosophen und Theoretiker haben Religion aus unterschiedlichen Perspektiven untersucht, und es gibt zahlreiche Ansätze, die versuchen, das Wesen und die Funktion von Religion zu erfassen. Hier sind einige zentrale philosophische Ansätze zur Definition von Religion:

1. ***Glaubenssystem und Transzendenz:***
   - *Religion wird oft als ein System von Glaubensvorstellungen definiert, die sich auf das Transzendente, das Heilige oder das Göttliche beziehen. Diese Glaubensvorstellungen bieten eine Erklärung für die Existenz und Struktur des Universums sowie für das menschliche Leben und seine Bedeutung.*
   - *Diese Definition umfasst die Vorstellung von übernatürlichen Entitäten oder Mächten, die das Universum und das menschliche Schicksal beeinflussen.*
2. ***Rituale und Praktiken:***
   - *Ein weiterer Ansatz betont die rituellen und praktischen Aspekte von Religion. Religion umfasst demnach spezifische Handlungen, Rituale, Zeremonien und moralische Vorschriften, die von einer Gemeinschaft geteilt und praktiziert werden.*

o   *Diese Rituale und Praktiken dienen dazu, die Gemeinschaft zu stärken und die Verbindung zum Transzendenten oder Göttlichen zu pflegen.*

3. **Emotionale und psychologische Dimension:**
   o   *William James und andere Philosophen haben den emotionalen und psychologischen Aspekt von Religion betont. Religion wird als eine tief persönliche Erfahrung verstanden, die Gefühle von Ehrfurcht, Ehrfurcht, Abhängigkeit, und Erhabenheit hervorruft.*
   o   *Diese Perspektive untersucht, wie religiöse Erfahrungen das individuelle Leben und Bewusstsein prägen.*

4. **Soziologische und funktionale Definitionen:**
   o   *Émile Durkheim definierte Religion als ein System von Glaubensvorstellungen und Praktiken, die sich auf heilige Dinge beziehen und eine moralische Gemeinschaft, eine Kirche, bilden. Religion erfüllt soziale Funktionen, indem sie Normen und Werte etabliert und die soziale Kohäsion fördert.*
   o   *Diese soziologische Perspektive sieht Religion als ein gesellschaftliches Phänomen, das soziale Ordnungen unterstützt und das Gemeinschaftsgefühl stärkt.*

5. **Philosophische und kritische Perspektiven:**
   o   *Karl Marx betrachtete Religion als „Opium des Volkes", das zur Aufrechterhaltung bestehender Machtstrukturen und zur Beruhigung sozialer Spannungen beiträgt. Religion wird als Ideologie ver-*

standen, die die wirklichen sozialen und
ökonomischen Verhältnisse verschleiert.

- o Friedrich Nietzsche kritisierte die christliche Religion als Ausdruck eines „Skla-
  venmoral", die die Lebenskräfte hemmt
  und die menschliche Freiheit und Kreativität unterdrückt.

6. **Phänomenologische Ansätze:**
   - o Philosophen wie Rudolf Otto und Mircea
     Eliade haben die phänomenologische
     Perspektive auf Religion betont. Religion
     wird als Begegnung mit dem „Heiligen"
     oder dem „Ganz Anderen" verstanden,
     das sich jenseits des Alltäglichen und des
     Rationalen befindet.
   - o Diese Ansätze konzentrieren sich auf die
     Beschreibung und Analyse der religiösen
     Erfahrungen und der symbolischen Struk-
     turen, die in verschiedenen Religionen zu
     finden sind.

7. **Existenzielle und metaphysische Definitionen:**
   - o Søren Kierkegaard und Paul Tillich sahen
     Religion als eine existentielle Suche nach
     dem „Unbedingten" und dem „Sinn des
     Lebens". Religion bietet Antworten auf
     grundlegende Fragen der menschlichen
     Existenz und des Daseins.
   - o Diese Perspektiven betonen die tiefere
     philosophische und metaphysische Bedeu-
     tung von Religion.

Zusammengefasst lässt sich sagen, dass Religion philosophisch auf vielfältige Weise definiert wird. Die Definitionen umfassen Glaubenssysteme, Rituale, emotionale Erfahrungen, soziale Funktionen, ideologische Kritik, phä-

nomenologische Beschreibungen und existenzielle Bedeutungen. Jede dieser Perspektiven trägt dazu bei, ein umfassenderes Verständnis von Religion und ihrer Rolle im menschlichen Leben zu entwickeln.

'Süddeutsche Zeitung' Nr. 119 vom 25.5.02:
In einem Artikel 'Sie säen nicht und kentern doch' wird eine Debatte über die Modernität von Kirche zusammenfassend festgestellt:
'SLOTERDIJK, HABERMAS und JOSCHKA FISCHER unterscheiden sich im Rang, den sie dem Christentum zusprechen, einig sind sie sich in der Diagnose: Eine vollkommen entchristlichte Welt wäre barbarisch. Wenn kein Individuum sich dem anderen verbunden weiß durch den gemeinsamen Schöpfer, wenn niemand daran glaubt, davon redet und danach handelt, dass jedem Menschen das Heil fest zugesagt ist..., dann vertrocknet die Gesellschaft zur gnadenlosen Nützlichkeitswüste.'

Seit es Mode wurde, nicht mehr an Gott zu glauben, glaubt man jeden anderen esoterischen Schwachsinn.

Gut, aber warum sollte man nicht versuchen, den Menschen zu helfen, dass sie an etwas glauben können, was der Realität entspricht? Nicht an irgendeinen göttlichen Schöpfer, sondern an eine, sich selbst schöpfende menschliche Gemeinschaft glauben?
Ist es nicht gleichgültig wie der Gott heißt!

Ich persönlich denke 'Gott' so wie ich 'Rotkäppchen' und 'Zwergnase' denke. Eine Märchenfigur. Auch ein bisschen 'Tapferes Schneiderlein' ein bisschen 'König Drosselbart'!

Mathematik und Physik sind auf der Suche nach einem Ersatzgott einer Weltformel. Momentan wird die 'M-Theorie' dafür heiß favorisiert. Man sucht nach einem Gott für Atheisten, an den man nicht glauben muss, weil man ihn rechnerisch ermitteln kann; ein Ersatzgott, der in den Dingen existiert und letztlich genau das gleiche leisten kann, wie der Gott, an den man glauben muss. Das wichtigste, was dieser Ersatzgott leisten muss, ist, dass er irgendein Hintertürchen offenlässt, welches in ein Leben nach dem Tod führen könnte.

Es muss ja nur ein Spalt sein, der da offensteht!

Eine winzige Hoffnung muss sein, irgendwie über das eigene beschränkte Leben hinaus leben zu können!

Oder Wiedergeburt!

Vielleicht nur eine kleine Portion Nachschlag von Leben nicht im Himmel, sondern in einer Antiwelt oder in einer reversiblen Zeitspirale... etc.pp.

Das Mensch, also die Sorte Mensch, die gelernt hat, sich mit sich und der Welt auseinanderzusetzen, erträgt die nüchterne Realität des Alls nicht. Er sucht etwas, was hinter oder über dem All steht einen Gott, eine Formel, ein ÜBERall!

FRIEDRICH NITZSCHE soll das Bemühen der Mensche, unbedingt herausfinden zu wollen, was hinter der Welt steckt, als 'Hinterweltlertum' verspottet haben. Die Welt ist keine Kulisse, hinter der etwas stecken könnte.

Nebenbei:
Das alte, viel zitierte Höhlengleichnis des **PLATON** ist auch so ein 'hinterweltlerischer' Unsinn. Es sind keine Gaukler hinter den Kulissen, die uns die Dinge der Welt aufführen!

Genau so wie die Materie in den Bereichen beschaffen ist,
wo wir ihr als Mensche in unserer Umwelt begegnen und
sie erforschen können so ist sie auch anderswo im All.
Wir wissen genug über die Materie und ihre Daseinsmög-
lichkeiten und Varianten. Wir müssen nicht alles wissen.
Denn auch wenn wir alles wissen könnten, würde sich
doch am Ende kein Türchen in der Kulisse öffnen. Weil es
weder das Türchen gibt, noch ein Dahinter!

Geben wir es aber gleich zu - die besten und wirkungs-
vollsten Orientierungen für die Lebensbewältigung hat bis
jetzt immer noch die Religion gegeben, beziehungsweise
der Idealismus. Der Idealismus, als philosophische Recht-
fertigung der Religionen.
Erstens setzen Idealismus und Religion einen Schöpfer
voraus und im zweiten Schritt verlangen sie vom Mensch,
er möge eine Achtung vor der Schöpfung haben.
Auch Achtung vor sich selbst, als Teil der Schöpfung.
Das ist aller Ehren wert!

Man möge sich nicht allzu sehr wundern über diese Feststellung:
Selbstverständlich bin ich atheistischer Materialist, eine
echter Heide, so zusagen! Aber gerade als solcher weiß
man, wie gnadenlos eine materialistische Weltanschauung
ist.
Nichts für schwache Nerven!
Nichts für Leute, deren Bildungsweg nach der achten
Klasse endete.
Fürs Volk, für die Masse, ist eine idealistische Philosophie
- oder eben eine Religion! - wesentlich handhabbarer und
tröstlicher. Allein die Frage des Lebens nach dem Tod...!!!

Was kann da der Materialist entgegenhalten?
Nur Trostlosigkeit! Verzweiflung!

Statt himmlischer Gefilde - oder höllischer Vergnügungen - nur ewige Dunkelheit und unbarmherziges Chaos!
An einen Gott glaubt man nicht, weil seine Existenz bewiesen worden wäre.
Dann brauchte man ja nicht an ihn glauben. Dann könnte man wissen.

Nur weil Gottes Existenz höchst zweifelhaft ist, kann man an ihn glauben.

Gott bietet für nichts eine Erklärung.
Die Annahme seiner Existenz bringt größere Schwierigkeiten mit sich, als wenn wir gar nichts annehmen würden.
Gott soll als Bollwerk dienen - gegen die absolute Nichtigkeit, den Nihilismus der Zeit!
Und für die, die ohne Zweifel an ihn glauben, ist er dieses Bollwerk.
Das fehlt dem Atheisten. Der Atheist ist dem Nihilismus schutzlos ausgeliefert.

Was ist nun wichtiger - der wissenschaftlich exakte und erbarmungslose Nachweis der Sinnlosigkeit allen Daseins…
oder…
… ein paar schöne Märchen, die Dir helfen, das Leben zu genießen, und Dich auf den Tod sogar ein bisschen zu freuen?

'Es ist nicht einmal sicher, ob es (im positiven Sinn) aufklärerisch wäre, den armen Schluckern in den Favelas von Sao Paulo, Mexiko oder Recife den Unsinn jener Pfingstreligionen vor Augen zu führen, an denen sie sich, weil sie sonst außer Hunger und Kindern nahezu nichts haben, verzweifelt festklammern. Jedenfalls gibt es Situationen, wo die Würde der Elenden eher respektiert ist, wenn man verstummt, weil jedes WeiterAufklären den schlechten Geschmack von Besserwisserei der Privilegierten bekommt.' (**CHRISTOPH TÜRCKE** in 'Blasphemie'/2006)

STEVEN HAWKING, der große Physiker und Astronom, brachte es jedenfalls auch nicht fertig (oder zumindest lange nicht), sich ganz von einem Gott zu verabschieden. Er verlegte ihn sozusagen aus dem All in den 'Urknall'.

Der Glaube an einen Gott wie immer der jeweilige Gott auch genannt wurde und wird , war immer verbunden mit dem Glauben an ein Leben nach dem Tod wo und wie das auch sein sollte. Das, was die einzelne Menschkreatur am besten über die Mühen des Alltages hinweggeholfen hat, war der Glaube an das Jenseits.
Und wenn es hundertmal Beschiss war!

Anderseits hat der Glaube, einem Schöpfer auch nach dem Tot verantwortlich zu sein, mit Sicherheit die allergrößten und schlimmsten Triebe des Mensches, nämlich den Trieb den Rest der Welt auszurotten, gedämpft und gemildert. Die Angst vor ständiger Kontrolle durch die himmlischen Mächte, die Hoffnung auf eine Belohnung für gottgefälliges frommes Wirken auf Erden, hat die 'Bestie Mensch' wahrhaftig über weite Strecken einigermaßen in Schach gehalten.
Wie wären Herrscher ohne Angst vor Gott mit ihren Untertanen oder gar Feinden umgesprungen?

Wie hätte die blutrünstig Evolution erst ohne Gott ausgesehen?

Eine gewisse Zunahme an Barmherzigkeit gegenüber dem anderen Mensch infolge des christlichen Glaubens kann man aber bei gutem Willen konstatieren - wenn wir von Kreuzzügen, Kolonialisierung, Judenpogromen...
Okay! Es wird schwierig.

Jedenfalls:
Wenn die Mensche sich wirklich bewusst wären, dass sie nur auf das Diesseits angewiesen sind und vom Jenseits nichts zu erhoffen (oder zu befürchten) haben, dann würden sie mit hoher Wahrscheinlichkeit noch viel stärker ihrem Egoismus folgen und versuchen, soviel wie möglich im Diesseits zusammenzuraffen und ihre Mütchen an anderen zu kühlen.

Der Glaube an das Leben nach dem Tod, der Glaube an Fegefeuer und Hölle, dürften selbst die bösartigsten Herrscher ein bisschen gebremst haben.
Auch, wenn sie überzeugt gewesen sein sollten, mit der Ausrottung dieser oder jenen Völkerschaft ein gottgefälliges Werk zu tun.

Nebenbei:
Selbst Stalin und Hitler waren (ich halte jede Wette) durch christliche Erziehung (vielleicht sehr heimlich, doch auch) von der Angst beseelt, einmal vor Gott stehen zu müssen. Da bin ich mir sicher.

Sicherlich wäre es interessant genauer nachzufragen, wie Religion als weltanschauliche Grundlage in den Nationalsozialismus eingebunden war?
Oder die russische orthodoxe Kirche...?

Nicht mein Thema, aber man darf da durchaus spekulieren. Hitler und Stalin sind beide keine Figuren der Welt-

geschichte, von denen man sich in tiefer Verneigung be-
findlich nur Edles vermuten darf. Anderseits - man würde
sie vergöttert, wenn man sie nur verteufeln würde.
Man muss sie vermenschlichen.
Man muss sie als die Arschlöcher behandeln, die sie waren.
Nach oben an die Macht gespülte kleine Arschlöcher!
Fettaugen auf der schmutzigen Brühe der Geschichte. Solche, die es schon tausendfach in der Geschichte gegeben
hat. Und immer wieder geben wird!

Was also ist Gott?

Die Philosophie war von ihrem Anfang her eine Art von
Hellseherei - sprich Welterklärungen liefern, ohne viel
über die Welt zu wissen.
Man versuchte, die Grundprinzipien der Welt, die kleinsten Bauteile zu definieren, und daraus zu schließen, wie
man leben sollte, wenn man einigermaßen glückselig werden möchte auf Erden. Betonung: Auf Erden! Nicht unter
Erden!

An Gott als letzten Schöpfer, bzw. ersten Schöpfer, haben
sich allerdings nur wenige Philosophen vorbeimogeln
können. Selbst **KARL MARX** war als Kind seiner Zeit
religiös gebunden.

FRIEDRICH NITZSCHE, der ja den hübschen Satz
vom 'Tod Gottes' geprägt hat, ist letztlich auch nicht ohne
Gott ausgekommen. Denn wenn der seiner Auffassung
nach gestorben ist, muss er ja vorher existiert haben, ja
sogar geboren worden sein - oder - wie ist er denn sonst in
die Welt gekommen? Hat ihn der Esel im Trab verloren?
Und wo hat man beerdigt?
Nirgendwo!

Gott lebt überall in den Köpfen der übergroßen Mehrheit der Mensche auf allen Kontinenten.
Und dabei erklärt dieser Gott - oder auch ein anderer! - gar nichts.
Ohne Gott ist Welterklärung, Welterkenntnis, Weltbewältigung wesentlich einfacher und logischer. Doch nein!- die Mensche halten an dieser alten Strohpuppe fest.

Und sobald wir Gott weglassen, wollen alle wissen, wo denn das IST herkommt.
Und wenn das keiner beantworten kann, glauben alle wieder an Gott und fragen nicht, wo der denn hergekommen sein soll.
Die wesentliche Rolle, die Gott zu spielen hat, weshalb er immer noch in den Köpfen der Mensche nisten kann, ist die Rolle des großzügigen Gastgebers im Himmel. Er nimmt die, die sterben müssen, bei sich auf. Oder doch wenigstens die Seelen - und lässt sie hinfort leben für alle Ewigkeiten.
Das is doch nett!
Das Spiel geht also weiter. Gott sei Dank! Im Himmel!

Mit Gott gibt es Verlängerung und Elfmeterschießen!

Künstliche Intelligenz - 2024 - "ChatGPT" sagt:

In der Philosophie gibt es zahlreiche Definitionen und Konzepte von "Gott", die je nach philosophischer und theologischer Tradition variieren. Hier sind einige zentrale Ansätze und Perspektiven:

1. ***Klassische theistische Definitionen:***

- o **Monotheismus**: *Gott wird als ein allmächtiges, allwissendes und allgütiges Wesen verstanden, das das Universum geschaffen hat und es erhält. Diese Definition ist typisch für die abrahamitischen Religionen (Judentum, Christentum, Islam). Gott wird oft als unveränderlich, ewig und vollkommen beschrieben.*
- o **Deismus**: *Gott wird als Schöpfer des Universums angesehen, der nach der Schöpfung nicht weiter in die natürlichen Abläufe eingreift. Gott ist also der "erste Beweger" oder der "Uhrmacher", der das Universum in Gang gesetzt hat, sich aber nicht mehr aktiv einmischt.*

2. **Pantheismus und Panentheismus**:
    - o **Pantheismus**: *Gott wird mit dem Universum gleichgesetzt. Alles, was existiert, ist Teil Gottes, und Gott ist in allem gegenwärtig. Dieser Ansatz findet sich in der Philosophie von Baruch Spinoza.*
    - o **Panentheismus**: *Gott ist im Universum und zugleich mehr als das Universum. Das Universum ist in Gott enthalten, aber Gott transzendiert das Universum. Dies ist ein mittlerer Weg zwischen Theismus und Pantheismus.*

3. **Agnostische und atheistische Perspektiven**:
    - o **Agnostizismus**: *Die Existenz Gottes wird als grundsätzlich unbekannt oder unkenntlich betrachtet. Agnostiker behaupten, dass es keine ausreichenden Beweise gibt, um die Existenz oder Nichtexistenz Gottes zu bestätigen.*

- o **Atheismus**: *Die Existenz Gottes wird abgelehnt oder bestritten. Atheisten argumentieren, dass es keine hinreichenden Gründe oder Beweise für die Existenz Gottes gibt.*

4. **Existenzielle und personalistische Ansätze:**
   - o **Existenzialismus**: *Philosophische Strömungen wie der Existenzialismus (z.B. Jean-Paul Sartre, Martin Heidegger) beschäftigen sich eher mit der Frage der menschlichen Existenz und weniger mit einer objektiven Definition Gottes. Für einige Existenzialisten (z.B. Kierkegaard) ist Gott eine Quelle für subjektive Bedeutung und Zweck im Leben.*
   - o **Personalismus**: *Gott wird als ein persönliches Wesen verstanden, das in Beziehung zu den Menschen tritt. Diese Sichtweise betont die persönliche Natur und das individuelle Verhältnis des Menschen zu Gott.*

5. **Philosophische Gottesbeweise:**
   - o **Ontologischer Gottesbeweis**: *Ein argumentativer Ansatz, der auf der Idee basiert, dass die Vorstellung eines vollkommenen Wesens impliziert, dass dieses Wesen existiert (z.B. Anselm von Canterbury).*
   - o **Kosmologischer Gottesbeweis**: *Argumentiert, dass es eine erste Ursache oder einen ersten Beweger geben muss, der das Universum in Existenz gesetzt hat (z.B. Thomas von Aquin).*
   - o **Teleologischer Gottesbeweis**: *Sieht in der Ordnung und dem Zweck in der Natur*

Hinweise auf einen intelligenten Designer (z.B. William Paley).

6. ***Mystische und spirituelle Definitionen:***
   o ***Mystik****: In mystischen Traditionen wird Gott oft als transzendente Wirklichkeit beschrieben, die jenseits des rationalen Verstehens liegt. Mystiker erleben Gott als unmittelbare Präsenz oder Einheit, die nicht in konventionellen Begriffen erfasst werden kann.*

Diese verschiedenen Ansätze zeigen, dass die philosophische Definition von Gott reich an Vielfalt und Tiefe ist, abhängig von kulturellen, theologischen und individuellen Überzeugungen. Jeder dieser Ansätze trägt dazu bei, das komplexe und vielschichtige Konzept Gottes aus unterschiedlichen Blickwinkeln zu beleuchten.

Jedenfalls - die Hoffnung auf eine Existenz nach dem Tod darf nicht sterben!

Für diese Hoffnung pfeifen die Mensche auf jegliche Logik und jegliches Wissen. Das Weiterleben nach dem Tod. Und niemand fragt sich ernsthaft, wie denn das da oben im Himmel aussehen soll, wenn da alle, die jemals gestorben sind, herumspringen. Oder hängt jede Seele auf einem Bügel im Kleiderschrank Gottes?
Egal!

103. These:
Keiner will dorthin zurück, wo er vor seiner Geburt herkam - ins Nichts!

Nein. Da glaubt man doch lieber an Reinkarnation, Seelenwanderung oder unbefleckte Empfängnis.

Nun steht allerdings die Frage auf dem Tablett, womit man als Mensch besser umgehen kann mit einem hübschen Glauben oder mit der Wahrheit?

Die Wahrheit, die Realität, die wirkliche Beschaffenheit der Welt hat schon viele Mensche zur Verzweiflung getrieben. Wer kennt nicht diese ekelhaften Beklemmungen, wenn man in warmen Sommernächten in den sternenklaren Nachthimmel schaut und die Wahrheit erblickt das All!
Da ist kein Ort, der geeignet wäre zur Aufbewahrung von Seelen. Geschweige von kompletten menschlichen Exemplaren. Und die meisten alt und abgeklappert, senil, krank, verwirrt... eine gespenstige Vorstellung: Seniorenresidenzen, Altersheime, Intensivstationen... und dann die Verstümmelten, die Verhungerten, die Vergasten... Opfer und Mörder an einer Tafel... ach, nein! Pardon! Ich vergaß die Hölle. Die soll ja auch noch irgendwo sein.
Ein Unsinn sondergleichen!

Trotzdem mit einem hübschen Glauben lebt es sich angenehmer, als mit der Wahrheit. Und was auch sehr schön eingerichtet ist keiner hat jemals erfahren, und keiner wird jemals erfahren, dass das, was er vom Leben nach dem Tod geglaubt hat, falsch war.
Man kann hemmungslos glauben, ohne Reue fürchten zu müssen.

Für den falschen Glauben wird man nur im Leben bestraft. Aber selten.

Mir fallen hier die muslimischen Selbstmordattentäter ein, die glauben, dass sie nach ihrer terroristischen Tat in den Himmel kommen, wo sie von vielen nackten Jungfern empfangen werden und von nun an bis in alle Ewigkeiten mit denen rumhuren können. Heilige Einfalt!

Von wem werden eigentlich weibliche Märtyrer im muslimischen Himmel verwöhnt? Von Allah persönlich?

Aber:
Ist es möglich, der Wahrheit über die Welt ins kalte Auge zu sehn und trotzdem ein sinnerfülltes Leben zu führen, glückselig zu werden?

Gott ist so was von praktisch alle Rätsel der Welt hineingestopft, Deckel drauf erledigt!

Und wie wünschenswert wäre es schließlich, dass jemand da droben ein Wohlgefallen an uns und unseren Taten hat! Und dass wir dann nach dem Tod dafür belohnt werden, dass wir einigermaßen edel und gut waren! Das wär's doch!

Ach, und was wäre meine Kinderzeit ohne all die schönen Märchen vom lieben Gott, der in den Wolken wohnt!
Dort, von wo auch Opa auf mich herniederblickt und sich an mir freut.
Und mit etwas Mühe konnte man die beiden alten Herren auch erkennen in ihrer wolkigen Gestalt.
Ach, was wäre das Leben ohne die Hoffnung, dass das alles doch einen gewissen Sinn haben könnte?

Ekelhaft, wenn man wirklich denken müsste, dass sich alles im ewigen "Fressen-und-Gefressen-werden" bis zur Erschöpfung der Futterreserven erschöpft!

Und wenn es hundertmal so ist, Leute, so geht das doch
nicht!
Wir brauchen doch für die Zeit, die wir nun mal in der
Welt, als sich selbst reflektieren könnende Wesen herum-
lungern müssen, ein bisschen Freude, ein bisschen Hoffnung... Trost!

Kann eine Philosophie Trost spenden?
Nein!
Also, weg damit! Oder?

Wir müssen lernen auf zwei Ebenen zu denken.
Erste Ebene - das Wissen um das große Schweigen im
All; um die erschütternde Nichtigkeit allen menschlichen
Strebens und Schaffens.

Zweite Ebene - der Spaß an der Erkenntnis der Welt. Die
fantastische Vielfalt der Materie! Die Freude an dem Zufall, das alles sehen und begreifen zu können. Und die erste Ebene konsequent verdrängen!
Notfalls an Gott oder einen seiner Ersatzmänner glauben!

**Wenn man immer die erste Ebene mitdenkt, kann man
sich eigentlich gleich den Strick nehmen.
Religion oder Suizid!**

Was also ist Gott?!!!
Was haben sich Philosophen abgeplagt von
ARISTOTELES über THOMAS VON AQUIN bis zu
KANT um Gottes Existenz zu beweisen.
Was haben sich Philosophen und Theologen gestritten, ob
nun Gott vollkommen und allwissend oder nur vollkom-
men und absolut unwissend sei!

Auch das pantheistische Verständnis eines Gottes, der in den Dingen selbst sich manifestiert, der das Universum nicht nur schuf, sondern selbst ist, brachte keine Ruhe in die Diskussion.

Den aktuellen westlichen und auch östlichen Religionen liegt eine Vorstellung von Gott, als eine äußere Form von Wirklichkeit, die Quelle und Sinn von allem anderen ist, zugrunde.

Andere meinen, dass Gott, nachdem er die Welt erschuf, sie ihrem Schicksal überließ und sich nicht mehr darum kümmerte.

104. These:
Gott existiert in den Menschen. Das Mensch beginnt Mensch zu sein, mit der Vorstellung von einem Gott - einem über der Gruppe stehenden, die Gruppe zusammenfügenden, ihr inneren Halt gebenden höheren Wesens außerhalb der Gruppe.

Der erste Gott, den die ersten Mensche hatten, dürfte ein sehr schlichter Typ gewesen sein, ein Götze vielleicht, oder gar nur ein Popanz.
Jedenfalls ein Gott, der den primitiven Bedürfnissen der ersten menschlichen Gruppierungen entsprochen hat.

105. These:
Das Mensch und Gott (bzw. Götter) entstehen gemeinsam als Produkt des Zusammenlebens in der Gruppe - sind Produkte der Sozialisierung.

106. These:
Sozialisierung ist eine siegreiche strukturelle Entwicklung in der Evolution.

107. These:
Es gibt keine funktionierende soziale Gruppe ohne einen Gott.

108. These:
Es gibt keinen Gott außerhalb einer sozialen Gruppe.

Es haben sich nur die menschlichen Gruppen in der Evolution durchgesetzt, die sich einen funktionierenden Gott schufen.

Die Einschränkung 'funktionierend' bezieht sich auf die Möglichkeit, dass sich diverse Gruppen solcher Götter schufen, die nicht für den Existenzkampf in der Natur geeignet waren.
Die Qualität der Götter ist für die Stärke einer Gruppe bis heute von höchster Bedeutung.

Die Götter der Inkas waren wohl solche Fehlkonstruktionen, die mit den Menschenopferungen zum Exitus führten.

In der Sozialisierungsphase der Menschheit entstehen ein Kommunikations- und ein Identifikationssystem.
Gott scheint (ohne ein Gleichnis beschwören zu wollen) die Ergänzung zur ebenfalls rein immateriellen Erscheinung der Sprache zu sein.
Sprache dient zum Informationsaustausch zwischen den Individuen, Gott dient zu einer Vorstellung der Individuen über sich selbst und ihrer Gruppe. Sprache materialisiert sich in Schrift. Gott wird personifiziert und materialisiert sich in Bildern, in Worten, in Statuen... in Kunst.

Ohne Gott, ohne Götter kann eine Gruppe keine soziale Gruppe sein, ebenso wenig wie ohne Sprache, ohne ein Kommunikationssystem.

Gott und Sprache entwickeln sich gemeinsam im Verlauf der Evolution parallel mit der wachsenden Komplexität der Gruppen. Heutige Gottesvorstellungen und Sprachen sind unvergleichlich komplexer, als die frühen primitiven Vorformen.

109. These:
Gott existiert also - objektiv! - als eine Idee.

Gott ist notwendiges Produkt der sich aus der individuellen Form der Evolution hervortretenden sozialen Gemeinschaft.

Über welche Stufen sich die Götter der menschlichen Gruppen bis zu den heutigen Gottesvorstellungen und Glaubenssystemen entwickelten, ist Gegenstand der Forschung der historischen Abteilungen von Theologie und Philosophie.

Wichtig für eine Definition von Gott ist lediglich die Gebundenheit der Gottesvorstellung an existentielle Notwendigkeiten der Evolution. Die sich in sozialen Gruppen organisierenden Individuen benötigen, um stark zu sein, das Dach eines Gottes (oder mehrerer Götter).

Die individuellen Erfahrungen der Mensche von einer sie - und andere - bestimmenden Kraft; die Erfahrung, dass ein allobwaltendes Prinzip in der Natur herrscht, dem man sich nicht entziehen kann, ist die Grundlage der Götter und Gottesgenese.

Sicherlich ist es interessant, welche Personifizierungsversuche mit den Götter in der Geschichte unternommen wurden, auch die Frage der Wahrnehmung des Vertretungsrechtes von Gott auf Erden ist spannend, doch entscheidend für die Durchsetzungsfähigkeit der jeweiligen Gruppe ist, dass sie einen produktiven Gott und Glaubensrituale haben, die die Gruppe einer anderen überlegen sein lässt. Es sei dahingestellt, wie der beste Gott für eine steinzeitliche Gruppe ausgesehen hat, wie man ihn sich dachte, welche Strafen er bereithielt, mit welchen Opfern er versöhnt wurde etc. fest steht, dass nicht jede Vorstellung von Gott (oder einem Pulk von Göttern) und die daraus resultierenden Religion zu jeder Entwicklungsstufe menschlicher Gruppen passt.

Für jede historische Entwicklungsstufe, jede Produktionsweise, jede Klimazone gibt es funktionierende Götter und ... - Ausschuss!

Überlebt haben immer die Gruppen, mit den 'richtigen' Göttern.

Und richtig gestrickt waren die Götter bzw. die Gottesvorstellungen dann, wenn eine Gruppe mit diesen - und an diese so gestrickten Göttern glaubend - sich gegen andere Gruppen durchzusetzen vermochte. Welche Vorstellungen sich wie und warum entwickelten, ist dabei wieder bestimmten unerfindlichen Zufällen geschuldet.

Wenn beispielsweise der Regengott lange Zeit die Zuteilung von Regen versagte und gleichzeitig die Mensche zu häufig gefeiert hatten, schlussfolgerte man daraus - zumal wenn sich diese Parallelität gehäuft haben sollte - einen Zusammenhang. Vielleicht - dass der Regengott der Gruppe zürne und sich die Mensche arbeitsam und fleißig wünsche. Das wäre eine produktive Schlussfolgerung gewesen.

Ebenso denkbar wäre, dass man dachte, man habe, um dem Regengott zu gefallen, zu wenig gefeiert. Das wäre dann weniger produktiv gewesen.

Auch die Frage, wie man solch einen zürnenden Gott Regengott, oder Sonnengott oder, Kriegsgott - oder was auch immer die Funktion des jeweiligen Gottes gewesen sein mag - ... wie man den jeweiligen Gott versöhnen kann, konnte immer so oder so beantwortet werden. Lautete die Antwort, es müssen zehn Jungfrauen geopfert werden, konnte sich das sehr negativ auf die Gruppe auswirken. Lautete die Antwort, es müssen zehn Bäume gepflanzt werden... bitte, jeder darf sich selbst zwanzig weitere Beispiele ausdenken!

Es geht darum, dass die Vorstellungen von der über das Mensch und die Gruppe obwaltenden Macht und deren Befugnissen, Vorlieben und Empfindlichkeiten sehr unterschiedlich sein konnten. Die Selektion des richtigen Gottes, der richtigen Götter, dauert bis heute an.
Und außerdem sei nochmals betont jede Zeit, jede Entwicklungsphase braucht einen anderen Gott. Ein erstarrter Gott ist unproduktiv.

110. These:
Die Gottesvorstellung muss so dynamisch sein, wie die allgemeine Kultur der Gruppe.

Augenscheinlich tritt beispielsweise in der Gegenwart hervor, dass der christliche Glauben dem Islam überlegen ist; und zwar darin überlegen ist, dass sich die Gruppen, die der christlichen Religion folgen oder nahe stehen, wirtschaftlich stärker voranschreiten; sich in den letzten Jahrhunderten erfolgreicher entwickeln konnten.
Ebenso scheint die protestantische Religion innerhalb der christlichen Religion produktiver zu sein, als die katholische.
Welche Zufälle die eine wie die andere Religion hervorgebracht haben, lässt sich - obwohl sie noch existieren und in ihrem Entwicklungsgang auch dokumentiert wurden - nicht bis ins Letzte klären. Aber das ist gleichgültig.

Wichtig ist, dass sie wirken und darin äußerst beständig sind.

111. These:
Gottesvorstellungen und Religion sind Kernstück jeder Kultur.

Aber noch immer ist nicht gesagt, was denn Gott nun ist.

Gut, er ist ideell und zugleich objektiv!
Er entsteht im Sozialisierungsprozess der Mensche!
Es gibt ihn in mannigfaltigsten Ausprägungen und Personifizierungen!
Und immer wieder haben die Mensche versucht sich ein Bild von ihrem Gott zu machen, was letztlich im christlichen Glauben ausdrücklich, aber ohne in größerem Umfang befolgt zu werden, untersagt wird.

Vielleicht können wir uns der Antwort so nähern:

Die Funktionen von Gott sind -
das unbegreifliche Sein der Dinge zu erklären,
das Sein der Dinge zu bewahren,
über die Gruppe zu wachen,
die Gruppe zu lenken,
die zu bestrafen, die nicht nach den
  Gesetzen der herrschenden Kultur handeln...

Ja, ohne Vorstellung von einem allmächtigen Gott gäbe es womöglich keine oder nur schwächere Bereitschaft zur Unterordnung des Individuums unter die Gruppenkultur.
Eine gute Kultur ist eine Kultur, die der Gruppe hilft, sich im Existenzkampf gegenüber anderen Gruppen durchzusetzen.

Bestimmte Fehlhandlungen gegen die Kultur kann die Gruppenhierarchie selbst bestrafen wir haben dazu heute die Polizei aber wer hält das Individuum ab, schlecht zu denken, Verbotenes zu wünschen oder gar vorzubereiten?

112. These:
Das Gewissen der Mensche ist nur einem Gott gegenüber rechenschaftspflichtig.

Nur der Glauben an einen Gott, kann ein schlechtes Gewissen machen und von verbotenem Denken und Handeln bewahren.

Bei den Tieren haben die Verhaltensforscher so genannte Handlungshemmungen ausgemacht.
Eine Krähe hackt der anderen kein Auge aus.
Die Krähen können das einfach nicht, weil sie da eine Hemmung besitzen. Und wenn sie diese Hemmung nicht besäßen, gäbe es die Krähen nicht mehr.

113. These:
Die Handlungshemmung der sozialisierten Mensche ist das Gewissen - die Furcht und die Ehrfurcht vor Gott.

Gott ist die Überzeugung im Individuum, dass es eigentlich richtig ist, so zu handeln, wie es die Gruppenkultur vorschreibt; ist die erfahrene Erkenntnis, dass man nur in der Gemeinschaft einer Gruppe überleben kann, wenn man deren Regeln folgt..

Und wenn sich nun in mehreren Individuen diese Überzeugung von den positiven Auswirkungen, sich den Regeln einer Gruppe unterzuordnen, durch Erfahrung ausprägt, wenn sie dann bemerken, dass sie alle unter einem gleichen oder ähnlichem Gesetz stehen, entsteht der Eindruck, dass einer, der über ihnen steht, ihnen dieses Gesetz aufgebürdet - oder geschenkt - hat.

Dass es letztlich nur der Zwang zur Sozialisierung ist, der über sie herrscht - denn ohne Sozialisierung sind sie anderen Gruppen unterlegen - das wird nicht offenbar.
Offenbar wird den Individuen der frühen Gruppen allerdings (wie auch den heutigen), dass die gemeinsame Ausrichtung an Vorschriften und Werten - an eine Kultur! - und deren Einhaltung, die besten Voraussetzungen für ein glückliches Leben darstellen.
Die Verletzung der Regeln bringt die Individuen in Konflikt mit ihren anerzogenen kulturellen Überzeugungen.

Den Wächter über die Einhaltung dieser Überzeugungen stellen sich die Individuen als Gott vor.

Dieser Prozess der Entdeckung der kulturellen Bestimmtheit der Mitglieder einer Gruppe, der Entdeckung des Zwanges, unter welchem sie stehen und dem sie bei Strafe des Unterganges nicht ausweichen dürfen... dieser Lernprozess, auf Teile der individuelle Freiheit zugunsten der Gruppenstärke verzichten zu müssen...
...die Entdeckung, dass sie da etwas zwingt, was stärker ist, als man selbst...
...dieses Stärkere, außerhalb der eigenen Macht liegende, nennt das Mensch irgendwann 'Gott'.

Die Religionen, die sich die Mensche dann schaffen, sind mannigfaltig und höchst verschieden.
Nur immer ist der Gott, oder sind die Götter das, was die Gruppe zusammenhält. Der Kitt!
Oder das Boot!

Atheisten müssen also auch einen Glauben haben - objektiv! -, wenn sie sich in einer Gruppe sozialisieren wollen.
Sie haben dann vielleicht den Glauben, dass es keinen Gott gibt - das kommt letztlich wohl auf das Gleiche hinaus! -, aber sie brauchen für das Zusammenleben in der Gruppe einen inneren Zwang zu Barmherzigkeit und Toleranz.

Die rationale Lern- und Merkfähigkeit der Mensche ist der bildhaften weit unterlegen. Das haben die Hirnforscher herausgefunden.
Wir vermitteln unsere Kultur auch am besten mit Geschichten, mit Bildern und Musik sprich mit der Kunst an unsere Nachkommen.

Brauchen wir das Kunstwerk 'Gott' der Kultur halber?
Als Träger, als Transportmittel sozialer Werte?

Vielleicht nicht unbedingt, aber vielleicht ist es mit einem Gott, einem dynamischen Gott, leichter, als ohne?
Es geht schließlich nicht darum, ein paar Leute zu kulturgerechtem Lebenswandel zu erziehen, sondern es geht um die Massen der Mensche!

Ich fürchte, man wird den lieben Gott, die alte Schabracke, und seine Kollegen in den anderen Religionen noch ein paar Jahrhunderte benötigen, um das ungezügelte Wirken der evolutionären Kräfte zu verhindern.

Nein, ich wage es nicht, zu sagen, dass man der Evolution ihren Lauf lassen sollte.

114. These:

Gott ist Inkarnation und Aufseher über die Einhaltung der Kultur der jeweiligen sozialen Gruppe.

Betrachtet man nun, welche Aufgaben die Kunst in der Gesellschaft besitzt, und vergleicht diese Aufgaben mit denen eines, oder 'des Gottes', dann kommt man zu der Erkenntnis:

115. These:
Gott ist ein kollektiv geschaffenes ideelles Kunstwerk.

An ihm misst man kulturgerechtes Handeln. Mit Gott entscheidet das Mensch über gut und bös, richtig falsch, Sünde und Sühne.
Und es könnte nicht entscheiden, wenn es nicht die Idee von Gott als kulturellen Maßstab besitzen würde.

116. These:
Ein Gott wirkt - wie die Kunst - als Wächter über die Einhaltung der Kultur. Vorausgesetzt, dass man an ihn glaubt!

Es gibt natürlich in allen sozialen Gruppen, in allen Gesellschaften immer auch die weltlichen Gesetze und Regeln die Verbote, die Strafen Polizei und Justiz. Doch diese erreichen das Individuum nur dann, wenn es erwischt wird.

Warum soll aber ein mittelalterlicher Bauer, fernab von jeglicher Kontrolle durch weltliche Gerichte seine Tochter nicht zur Befriedigung seiner sexuellen Bedürfnisse benutzen? Warum soll einer nicht des Nachbars Früchte ernten, wenn er ihn doch schon totgeschlagen hat?
Der Zar ist weit!

Das scheint der wesentliche Punkt zu sein, für die Unverzichtbarkeit einer Gottesidee - Gott ist immer anwesend! Allgegenwärtig!

Er sieht nicht nur die Taten (die unter Umständen auch weltliche Kontrollorgane entdecken könnten), sondern er sieht bereits die bösen Gedanken!

117. These:
Gott ist für das Mensch die innere Nötigung zu kulturgerechtem Verhalten.

Dabei sei zugestanden, dass diese innere Nötigung nicht immer sehr stark gewirkt hat.
Das Mensch - dieser egoistische Saubeutel, das es nun mal ist! - hat oft sehr schnell erkannt, dass die angebliche Allmacht der Götter höchst beschränkt bleibt.
Aber es blieb doch immer eine gewisse Ungewissheit - sieht er alles oder nicht?
Und nach dem Tod... ? Wird man dann zur Rechenschaft gezogen? Himmel der Hölle!?

Die Zeichen von Dekadenz in der gegenwärtigen westlichen Zivilisation können durchaus als Auswirkung mangelnder Gläubigkeit interpretiert werden. Man fühlt sich nicht mehr gebunden an die gemeinsamen Werte.
Man darf sich nur nicht erwischen lassen.
Und wenn es sich rechnet, ist es sowieso o.k.!

118. These:
Wer keinen Gott in sich hat, nähert sich leichter den urnatürlichen egoistischen und kulturlosen Trieben - töten und vergewaltigen!

Denn Gott ist - wie bereits gesagt - die Überzeugung von der Notwendigkeit, sich den kulturellen Spielregeln unterwerfen zu müssen.

Wie viele Gesellschaften, deren Mitglieder mehrheitlich erkannt hatten, dass man den Göttern nicht unbedingt gehorchen muss, weil die ja eh nur fiktiv existieren, gescheitert und untergegangen sind, kann man nur vermuten. Als Paradebeispiel kann wohl hier das Römische Reich dienen.

Wie war es dann im Sozialismus?

Mensche, die an keinen Gott glauben, müssen sich, wenn sie nicht in Gefahr laufen wollen, zu vertieren, also, auf ihr natürliches Wesen zurückgeworfen zu werden, einen Ersatzgott schaffen, eine Überzeugung.

Die so genannten sozialistischen Staaten, die atheistisch funktionieren wollten, haben unbewusst versucht, einen solchen Ersatzgott zu installieren.

Am Ende war es aber wieder nur ein Gott unter vielen - man nannte ihn Partei.

Und um diesen Gott allgegenwärtig auszustatten, gab man nicht zuletzt auch eine solche Losungen heraus: 'Wo ein Genosse ist, da ist die Partei!'

Es gibt dabei keinen Unterschied zu der Aussage: Wo ein Christ ist, da ist Gott!

Beide Aussagen sind richtig, wenn man den entsprechenden Glauben hat.

Doch letztlich war 'Partei' kein vollwertiger Gottersatz.

Sein schwerwiegendster Mangel dürfte der gewesen sein, dass er kein Leben nach dem Tod versprechen wollte. Und seine Wirkungsmöglichkeit war eingeschränkt, weil er nicht in das Gewissen der Genossen schauen konnte. Und dies auch vorgab, nicht zu wollen.

Es ist also nicht wichtig, ob es Gott gibt, sondern wie man ihn 'sich glaubt'.
Wenn Gott zum bloßen Accessoire der Tradition wird, zum Schmuck des Gebildetseins, dann wird er nicht mehr viel bewirken.

Also - es gibt ihn nicht so, wie die Kirche behauptet - als Schöpfer, als Quelle und Sinn...
aber man kann auf ihn nicht verzichten.

119. These:
Weil es ihn nicht gibt, mussten die Mensche ihn erfinden - Gott!

Basta!

NACHSÄTZE

Die großen Genies der Menschheitsgeschichte - Philosophen, Wissenschaftler, Künstler, Staatsmänner - waren
nicht wirklich viel schlauer, als alle anderen Schlauen zu
ihrer Zeit (oder vor und nachher).
Nicht wenige, wenn nicht die meisten, wurden erst nach
ihrem Tod als Genies erkannt.
Zu einem Genie gehört nicht nur ein hinreichender Intelligenzquotient, sondern auch der Zufall, zum richtigen
Zeitpunkt am richtigen Ort des jeweiligen Feldes menschlicher Bemühungen gestanden zu haben.
Mancher hat seine Intelligenz am ungeeigneten Objekt
verschwendet.
Mancher zum unrechten Zeitpunkt.

Ich fürchte, ich habe versucht, die falschen Objekte zum
falschen Zeitpunkt am falschen Ort beackert zu haben -
nämlich:
Philosophische Grundfragen,
nach dem Untergang des Sozialismus,
in Deutschland.

Die 119 Thesen

--------------------------Vorsätze

1. These:
Die Evolution ist mit der Menschwerdung nicht beendet.

Hauptsätze

I - PHILOSOPHIE oder DENK-AKROBATIK

2. These:
Die Interpretationen der Philosophen haben die Weltenläufe durchaus beeinflusst und haben zu Veränderungen
beigetragen.

3. These:
Die sozialen Errungenschaften in den heutigen 'westli-
chen' Staaten sind auch eine Erfolgsstory der sozialen
Utopien von einer besseren Welt.

4. These:
Eine Philosophie, deren letzte Weisheit in einem Schöpfer
mündet, welcher erwiesenermaßen nicht existiert, kann
keinen endgültigen Beitrag für eine Welterklärung liefern.
Höchstens Seelenfrieden!

5. These:
Die Aufgabe der Philosophie besteht darin, Antworten zu
finden auf die Frage:
Wie kann man sich selbst und andere Mensche dazu bewegen, nicht das eigene Unglück zu sein?

6. These:

Was der menschlichen Erfahrung widerspricht, kann nicht wahr sein! Aber manches, was Mensche erfahren haben, führte zum Irrtum.

7. These:
Die letzten Wahrheiten sind profan und einfach langweilig!

II - EVOLUTION oder GERECHTIGKEIT

8. These:
Wer sich gegen die Erkenntnisse der Wissenschaften sperrt, kann sich nicht auf Glaubensfreiheit berufen.

9. These:
Die Wissenschaft entschlüsselt rückblickend einen nie vorhanden gewesenen Plan.
10. These:
Die Affen bekamen zufällig ihre Chance, Mensche werden zu können.

11. These:
Humanität erfordert die Überwindung, die Außerkraftsetzung, die Entthronung der evolutionären Zwänge!

12. These:
Frieden ist die Strategie der Schwachen.

13. These:
Wenn der Stärkere seine PFLICHT zur Unterwerfung der Schwachen nicht mehr erfüllt, wird eines Tages das Mensch von der Erde verschwinden.

14. These:

Kampf ums Dasein und gleichzeitige Sozialisierung sind die Voraussetzungen für das Entstehen von Selbstbewusstsein, für die ICH-Werdung von Individuen für die ICH-Werdung des ES!

15. These:
Das Leben - Evolution und Entwicklung - sind grundsätzlich ungerecht.

16. These:
Wer Gerechtigkeit herstellen will, muss das Leben beenden.

III - IST oder NICHTS

17. These:
IST plus ZEIT = SEIN - das ist die Weltformel!

18. These:
Jegliches hat seine ZEIT! Nur das Chaos nicht.

19. These:
Aus Chaos wird Ordnung, aus Ordnung Chaos.

20. These:
Aus dem Universum kann nichts und niemand entkommen! Keine Energie! Nicht das kleinste Photon!

21. These:
Materiestrukturen reihen sich aneinander - vergehen, entstehen - endlos! Planlos! Wirr!

22. These:

Die Erde, so wie die Natur auf ihr, sind Produkte der All-überall gleichen Materie.

23. These:
Die letzte Wahrheit haben wir längst - sie lautet: Das IST ist!

24. These:
Es gibt nicht den einen Urknall, es gibt unzählige Ereignisse im IST, die vielleicht einem Urknall ähneln.

25. These:
All ist überall nur All. Es gibt kein Über-All und auch kein Unter- oder Neben-All!

26. These:
Es gibt keine Zeit allgemein und ohne Vorbedingungen im IST.

27. These:
Im IST gibt es Zeitinseln. Sie tauchen auf und gehen unter.

28. These:
Zeit - wie auch Temperatur - spielt für unstrukturierte, chaotische Materie keine Rolle.

29. These:
Leben ist eine lokale 'Wucherung' der Materie. Zeit ebenso.

30. These:
Nicht der Raum, oder die Zeit sind gekrümmt, sondern unsere Messlatten, unsere Beobachtungsmöglichkeiten sind es!

31. These:
Was einmal entstanden ist im IST, kann rein materiell
immer wieder entstehen! Auch wenn das absolut Unwahrscheinlich ist.
Ein ICH aber ist einmalig.

IV - FREIHEIT oder KULTUR

32. These:
Das Mensch ist immer Tier gewesen und wird es bleiben!

33. These:
Wenn das Mensch handelt, wie es bis heute handelt -
zeugt, baut, denkt, philosophiert, mordet, Krieg führt, vernichtet... - dann handelt es absolut artgerecht.

34. These:
Das Grundprinzip der Natur umfasst nicht nur das Recht
des Stärkeren, sondern auch die Pflicht des Stärkeren!

35. These:
Leben und Handeln nur nach dem evolutionären Naturprinzip ohne Rücksicht auf Interessen anderer Individuen -
das wäre absolute Freiheit.

36. These:
Kultur ist das partielle Außerkraftsetzen des evolutionären
Naturprinzips innerhalb von sozialen Gruppierungen, damit das evolutionäre Naturprinzip auf höherer Ebene gegenüber anderen Gruppen desto mächtiger wirken kann.

37. These:

Kultur ist Einschränkung der individuellen Freiheit zugunsten einer kollektiven Macht mit dem Zweck, die egoistischen Bedürfnisse besser gegen äußere Feinde verteidigen zu können.

38. These:
Das objektiv Schöne, das objektiv Gute, das objektiv Edle... etc. gibt es nicht!

39. These:
Erfolg - und damit Glück - findet das Individuum nur in der Arbeit für die Gruppe. Es erhält - je mehr es für die Interessen der Erhaltung der Gruppe leistet - materielle und moralische Anerkennung.

40. These:
Auch Mann und Frau sind und bleiben letztlich rivalisierende Individuen, die sich einzig aus Gründen der Vermehrung zeitweise zusammenschließen.

41. These:
Der Kampf der Männer gegen die Frauen... oder umgekehrt - der Kampf der Frauen gegen die Männer... - also, das Ringen um einen Machtvorteil, ist auch eine Komponente der Evolution. Es geht um gesunden und starken Nachwuchs.

42. These:
Es wird keine Emanzipation der Frau geben können, ohne eine parallele Emanzipation des Mannes.

43. These:
Die Produktionsweise bestimmt den Charakter der Kultur!

44. These:

Nicht jede Kultur passt zu einer herrschenden Produktionsweise.

45. These:
Sozialisierung - Bildung von Gruppen - ist eine 'Strategie der Evolution', um die natürliche Auslese zu beschleunigen.

46. These:
Nur wirklich gut angepasste Individuen können innerhalb der Gruppe ein Optimum an Freiheit finden.

47. These:
Freiheit das ist das Unwort des Jahrtausends!

48. These:
Menschliches Glück beginnt mit Unfreiheit.

49. These:
Grundsätzlich gilt - Kultur ist Beschränkung der Freiheit. (Jener Freiheit, rücksichtslos allein nach dem Naturgesetz leben und handeln zu können!).

50. These:
Gleichmacherei und kollektive Verantwortungslosigkeit, wie sie der Sozialismus hervorgebracht hatte, sind das Ende einer Gruppe und deren Kultur.

51. These:
Erhaltung und Entfaltung von Kultur ist die Chance zum Überleben der Mensche!

52. These:
Die innere Stärke der Gruppen mit kapitalistischer Produktionsweise und westlicher Kultur schwindet.

53. These:
Frieden ist das Ende der Evolution!

54. These:
Wirkliche Freiheit ist optimale Anpassung an die Kultur
der - mehr oder weniger stark im evolutionären Kampf
befindlichen - Gruppe!

V - KUNST oder DEKADENZ

55. These:
Nichts, was Individuen innerhalb einer Gruppe tun, ist frei
von kultureller Prägung.

56. These:
Die Kunst ist Vermittler, Transportmittel und Wächter
über die Kultur (über die Einhaltung der Vorschriften, Gesetze und Tabus).

57. These:
Kultur wird nicht vererbt.
Kunst ist ein wesentliches Transportmittel der Kultur von
Generation zu Generation.
58. These:
Zivilisation ist die Entdeckung des Individuums.

59. These:
Kunst ist das emotional-sinnliche Gegenstück zum Staat.
Staat macht Gesetze im Sinne der herrschenden Kultur
und achtet auf Einhaltung - notfalls mittels Einsatz von
Gewalt.
Kunst achtet durch öffentliche Bewertung - Bloßstellung,
Lobpreisung etc. -darauf.

60. These:
Kunstprodukte ohne produktiven Bezug auf Kultur sind
Kitsch.

61. These:
Kitsch in seiner übelsten Form zerstört Kultur aktiv.

62. These:
Echte Kunst ist für die Gruppe auch immer irgendwo unbequem.

63. These:
Der Künstler ist ein Medium der Kultur einer Gesellschaft.

64. These:
Keine Gesellschaft liebt Aufseher, Kritiker, Besserwisser!
Echte Kunst ist lästig!

65. These:
Ohne echte Kunst stirbt eine Kultur. Und ohne lebendige
Kultur muss eine Gruppe untergehen.

VI - MEHRHEIT oder WAHRHEIT

66. These:
Wahrheit ist mehrheitsabhängig.

67. These:
Die einfachen Wahrheiten sind im Ozean von Traktaten,
Aufsätzen und Abhandlungen oft nicht mehr auffindbar.

68. These:

Wahrheiten sind Zusammenfügungen von Erkenntnissen, die aus der Wechselwirkung mit der Praxis entstehen und sich dabei in der Evolution als erfolgreich erweisen.

69. These:
Auch Lügen können stabile Wahrheiten sein.

70. These:
Wenn die Lüge die Massen ergriffen hat, wird sie zur Wahrheit.

71. These:
Wahre Wahrheiten beschleunigen die produktiven Kräfte einer Gesellschaft und damit die Evolution, wenn sie sich Mehrheiten erobern können.

72. These:
Zu den wahren Wahrheiten gehören auch die Produktionsmethoden, die Technik, die Wissenschaft... die Philosophie... die Kunst...

73. These:
Nur wenige Wahrheiten gehen ins genetische Gedächtnis der Mensche ein.
Und wenn, dann braucht es dazu einiger zigtausend Jahre schmerzlicher Erfahrung.

74. These:
Auf welchem Weg sich die wahren Wahrheiten durchsetzen - diktatorisch oder demokratisch - spielt in der Natur keine Rolle. Der Zufall würfelt!

75. These:
Diktatoren ohne Massenbasis gibt es nicht. Und wenn, dann nicht lange.

76. These:
Der Krieg ist die Fortsetzung der Ökonomie mit anderen Mitteln.

77. These:
Reichtum wirkt ohne demokratische Legitimation.

78. These:
Profit ist ein starker Motor für Wahrheitsfindung.

79. These:
Die größte Gefahr für die westliche Zivilisation ist die Meinungsfreiheit.

80. These:
Die Meinungsfreiheit ist der Tod der Wahrheit.

81. These:
Der Umgang mit den wahren Wahrheiten und den kulturellen Werten wird im Verlauf der Zivilisierung zum entscheidenden Kriterium für die Produktivität und Stärke einer sozialen Gruppe, einer Gesellschaft.

82. These:
Der erfolgreiche Kapitalist handelt schon immer diktatorisch!

83. These:
Diktaturen wirken schnell und direkt, können aber auch zum Exitus führen.

84. These:

Alle Gesellschaften, auf jedem speziellen historischen Niveau, pendeln zwischen Diktatur und Demokratie auf dem jeweiligen Niveau der Produktionsweise.

86. These:
Die natürliche Verhältnis der Lebewesen in der Natur ist die Konkurrenz.

87. These:
Die natürliche Daseinsweise der menschlichen Gruppen - aus der Evolution hervorgegangen und sie weiter vorantragend - ist Kapitalismus.
Anhäufung von Stärke bei den Starken!

VII - ZUKUNFT oder SOZIALISMUS

88. These:
Um so etwas Ähnliches wie Sozialismus zustande zu bringen, müsste das Mensch sich selber überwinden; müsste seine tierische Natur, stärker, als der andere sein zu wollen, und ihn möglichst sofort aufzufressen, überwinden.
Unmöglich!

89. These:
Die Natur ist stärker als die Kultur!

90. These:
Das evolutionäre Grundprinzip der Natur schließt Sozialismus aus.

91. These:
Das schöpferische Mensch muss den Tod vergessen können, aber es muss mit ihm rechnen!

92. These:
Die Atomarsenale kann man kontrollieren, den Egoismus der Mensche nicht.

93. These:
Die evolutionäre Stärke (bzw. Überlegenheit) einer Gruppe, kann sich in quantitativen und/oder qualitativen Momenten realisieren.

94. These:
Die Fehler, die der Sozialismus begangen hat, waren unvermeidlich, aber man kann vielleicht daraus lernen!?

95. These:
Die menschlichen Gruppen schaffen sich - in Wechselwirkung mit dem Stand der Produktivkräfte und mit der Produktionsweise - eine Kultur, die das Leben der Gruppe reguliert und steuert.

96. These:
Das erstrebenswerte Muster für eine menschliche Gruppe wäre es, wenn sich Marktwirtschaft und Kommunismus in ihren Bestrebungen und Wirkungen die Waage hielten.

97. These:
Die kommunistische Marktwirtschaft ist kein neues ökonomisches System, sondern sie muss sich ein Wertesystem entwickeln, eine neue Kultur!

98. These:
Es genügt nicht, nur die Produktionsmittel zu vergesellschaften, es geht um die wahren Wahrheiten und die Kultur!

99. These:
Meinungs und Glaubensfreiheit müssen neu definiert werden.

100. These:
Es gilt die Kultur der Gruppe Schritt für Schritt so zu verändern, dass es nicht zum Untergang oder zur Selbstausrottung der Menschheit kommt.

101. These:
Die Entstehung der Menschheit war ein Zufall. Und ihre Existenz hat nur einen Sinn - nämlich den, so lange als möglich sinnlos zu existieren.

102. These:
Das Mensch ist nur als soziales Wesen überlebensfähig und wird aber immer ein Tier bleiben, weil es nicht von einem Gott erschaffen wurde.

VIII - RELIGION oder SUIZID

103. These:
Keiner will dorthin zurück, wo er vor seiner Geburt herkam - ins Nichts!

104. These:
Gott existiert in den Menschen. Das Mensch beginnt Mensch zu sein, mit der Vorstellung von einem Gott - einem über der Gruppe stehenden, die Gruppe zusammenfügenden, ihr inneren Halt gebenden höheren Wesens außerhalb der Gruppe.

105. These:

Das Mensch und Gott (bzw. Götter) entstehen gemeinsam als Produkt des Zusammenlebens in der Gruppe - sind Produkte der Sozialisierung.

106. These:
Sozialisierung ist eine siegreiche strukturelle Entwicklung in der Evolution.

107. These:
Es gibt keine funktionierende soziale Gruppe ohne einen Gott.

108. These:
Es gibt keinen Gott außerhalb einer sozialen Gruppe.

109. These:
Gott existiert also - objektiv! - als eine Idee.

110. These:
Die Gottesvorstellung muss so dynamisch sein, wie die allgemeine Kultur der Gruppe.

111. These:
Gottesvorstellungen und Religion sind Kernstück jeder Kultur.

112. These:
Das Gewissen der Mensche ist nur einem Gott gegenüber rechenschaftspflichtig.

113. These:
Die Handlungshemmung der sozialisierten Mensche ist das Gewissen - die Furcht und die Ehrfurcht vor Gott.

114. These:
Gott ist Inkarnation und Aufseher über die Einhaltung der Kultur der jeweiligen sozialen Gruppe.

115. These:
Gott ist ein kollektiv geschaffenes ideelles Kunstwerk.

116. These:
Ein Gott wirkt - wie die Kunst - als Wächter über die Einhaltung der Kultur. Vorausgesetzt, dass man an ihn glaubt!

117. These:
Gott ist für das Mensch die innere Nötigung zu kulturgerechtem Verhalten.

118. These:
Wer keinen Gott in sich hat, nähert sich leichter den urnatürlichen egoistischen und kulturlosen Trieben - töten und vergewaltigen!

119. These:
Weil es ihn nicht gibt, mussten die Mensche ihn erfinden - Gott!

----------------------------fini